하나님을 제한하지 마라

Don't Limit God: Imagine Yourself Successful
ISBN 13: 978-160683-873-0
Copyright ⓒ 2014 by Andrew Wommack Ministries
850 Elkton Drive
Colorado Springs, CO 80907
www.awmi.net

Korean, Korea Edition Copyright
ⓒ 2018 by The Word of Faith Co.
All rights reserved.

하나님을 제한하지 마라

발행일　2018. 3. 23　1판 1쇄　발행
　　　　2024. 9. 27　1판 4쇄　발행

지은이　앤드류 워맥
옮긴이　반재경
발행인　최순애
발행처　믿음의말씀사
2000. 8. 14 등록 제 68호
(우) 16934　경기도 용인시 기흥구 신정로301번길 59
Tel. 031) 8005-5483　Fax. 031) 8005-5485
http://faithbook.kr

ISBN 89-94901-77-9　03230
값 10,000원

본 저작물의 저작권은 '믿음의 말씀사'가 소유합니다.
저작권법에 의해 보호를 받는 저작물이므로 무단 전재와 복제를 금합니다.

하나님을
제한하지 마라

성공적인 자신의 모습을 상상하라

앤드류 워맥 지음 | 반재경 옮김

믿음의말씀사

| 목차 |

서문 _ 6

01 잘못된 신념체계 _ 9

02 세상의 염려 _ 51

03 실패에 대한 두려움 _ 69

04 사람에 대한 두려움 _ 103

05 성공에 대한 두려움 _ 125

06 묵상 Imagination _ 143

서문

   1968년 3월 23일, 저는 이날이 저의 삶과 사역에 가장 의미 있는 날이라고 자주 얘기해 왔습니다. 그 날 저는 주님을 대면하였는데 그로 인해 하나님을 보는 제 시각이 완전히 바뀌었습니다. 저는 완전히 새사람이 되었고 그 결과 이 사역의 비전이 잉태되었습니다.

   그런데 다른 날이 하나 더 있습니다. 2002년 1월 31일. 이것에 대해서는 아마도 많이 들어보지 못하셨을 것입니다. 그날 하나님께서 시편 78편을 통해 저에게 말씀하셨습니다. 저의 협소한 생각으로 인해 하나님께서 저의 삶을 통해서 하시려는 일들이 제한받아 왔다는 말씀이었습니다. 저는 제가 하나님을 제한하고 있었다는 사실은 전혀 몰랐습니다. 그러나 그 말씀을 듣고 즉시 생각을 바꾸기로 결정했습니다. 더 이상 하나님을 제한하지 않기로 말입니다.

그때 주님께서 저에게 말씀하시길 저의 사역이 미국 TV 시장의 6%에게만 전달되고 있다고 하셨습니다. 그러나 현재 저의 프로그램 '복음의 진리Gospel Truth'는 미국 전역에 방송이 되고 있으며 대부분의 영어권 나라들을 포함하여 30억 명이 볼 수 있는 상태입니다. 다른 영역에서도 기하급수적으로 성장했습니다. 이 모든 것은 제가 하나님을 제한하지 않기로 담대히 결정하고 그분은 더 큰 일들을 이루기 원하신다는 것을 믿기로 했기 때문입니다. 그러나 저의 협소한 생각으로 계속 주님을 제한했었다면 현재 저의 사역은 절대로 지금의 자리에 있을 수 없었을 것입니다.

01

잘못된 신념체계

당신은 지금 자신이 하나님을 제한하고 있을 가능성이 매우 크다는 것을 아십니까? 우리 대부분은 이런저런 모습으로 하나님을 제한합니다. 하나님께서 우리의 삶 가운데 하실 수 있는 일들을 가로막거나 제한하는 것들이 많이 있습니다. 하나님을 제한하는 것들 중의 하나는 잘못된 신념입니다. 모든 것을 하나님께서 전적으로 통제하시며 일어나는 모든 일들이 그분의 뜻이라고 생각하는 사람들이 많습니다. 일어나는 모든 일이 하나님의 계획과 목적 아래 있다고 주장하는 운명론적 교리를 믿으면서, 동시에 일어나는 모든 일에 대해 하나님을 원망합니다. 부부관계가 나빠지면 우리를 깨뜨리고 낮추시기 위한 하나님의 방법이라고 생각합니다. 사업이

망해도 하나님의 뜻이라고 받아들입니다.

　1980년도에 제가 인도를 방문했을 때 일입니다. 저는 그곳에서 엄청난 문화충격을 겪었지만 새롭게 알게 된 것도 많았습니다. 그중에 하나는 인도가 실제로는 엄청나게 부요한 나라였다는 것입니다. 인도는 인구도 많고 천연자원도 많은 나라입니다. 그 나라가 번영하지 못했던 이유는 재정이나 자원이 없어서가 아닙니다. 바로 그들의 신념 체계 때문이었습니다.

　제가 인도에 머무는 동안 "고기"가 자기 집에서 왔다 갔다 하는 와중에도 굶어 죽어가는 사람들을 보았습니다. 실제로 인도의 한 집에서 성경공부를 인도하고 있었는데 그 집 안으로 소가 한 마리 들어왔었습니다. 그러자 그 소가 집안을 마음껏 휘젓고 다닐 수 있도록 모두가 벽에 바짝 붙었습니다. 힌두교도들은 자기 조상이 소로 환생했을 수도 있다고 믿기 때문입니다.

　힌두교도들은 소고기는 먹지 않지만 개나 염소 같은 좀 더 낮은 수준의 고기는 먹습니다. 이런 동물들은 낮은 수준의 환생이라고 보기 때문입니다.

　힌두교도들에게는 그들의 기아를 해결할 만한 자원이 충분했음에도 불구하고 그들의 종교적 신념 체계가 그 해결책을 제한하고 있었던 것입니다. 또 인도에는 카스트제도가 있습니다.

좀 더 나은 삶을 위해 이 제도에서 벗어나려고 시도한다면 다음 생에는 개미나 더 못한 것으로 환생할 수도 있다고 믿습니다. 이렇듯 인도를 가난에 빠뜨리고 인도인들을 제한해 왔던 것은 그들 자신의 신념체계였습니다.

상황이 이런데 돈만 주면 모든 문제를 해결할 수 있을 거라는 생각에 가난한 나라에 가서 돈을 던져주고 오는 미국인들이 많습니다. 그러나 인도의 문제, 또 그 어느 나라의 문제도 돈이 아닙니다. 그 나라의 신념체계가 문제입니다. 그들에게는 복음이 필요하고 그들의 신념체계를 바꿔줄 원리와 도덕적 기준이 필요한 것입니다. 이런 것들이 해결되면 그 나라는 번영하게 됩니다. 한 나라의 신념체계가 그 나라 국민을 제한하여 가난에 가둬둘 수도 있기 때문입니다.

미국인들도 마찬가지입니다. 그들은 정부가 자신들에게 복지 정책을 마련해 주어야 한다고 생각하며 임금을 인상하고 더 많은 혜택과 더 좋은 건강보험을 마련해 주어야 한다고 생각합니다. 하지만 문제는 그것이 아닙니다. 우리의 문제는 우리의 두 귀 사이, 즉 머릿속에 존재합니다. 바로 우리가 생각하고 믿는 방식 말입니다. 잠언 23:7은 사람이 그 마음의 생각이 어떠하면 그 위인도 그러하다고 말합니다.

우리의 인생은 우리의 생각대로 됩니다(롬 12:2). 변화되기를 원한다면 그냥 어디서 돈이 생기기를 기도해선 안 됩니다. 또 있는 자에게서 돈을 받아다가 없는 자에게 주어서도 안 됩니다. 그것은 해결책이 아닙니다. 해결책은 우리의 잘못된 생각이 제한해 놓은 것들을 제거하는 것입니다. 마음으로 생각하는 것들이 삶의 방향을 인도해 가기 때문입니다. 하나님을 제한하지 않으려면 우리 자신, 즉 우리의 생각과 사고방식을 바꿔야 합니다.

당신의 영향력

하나님은 사람을 차별하지 않으십니다(행 10:34). 하나님은 모든 사람의 삶 가운데에서 엄청나게 기적적인 일들을 행하기 원하십니다. 하나님께서 만드신 사람들 중에는 어떠한 실패작도 없습니다. 그 어떤 사람도 열등하게 만들지 않으셨습니다. 하나님께는 우리 각 사람을 통해 이루고자 하시는 목적이 있지만, 대부분의 사람들이 그것을 모릅니다. 자신은 특별하지 않다는 거짓을 믿기 때문입니다. 그러나 진리는 우리 각 사람이 독특하다는 것과 세상에는 그 누구도 할 수 없고 오직 나만이 할 수 있는 일이 있다는 것입니다.

> 여호와의 말씀이니라 너희를 향한 나의 생각을 내가 아나니 평안이요 재앙이 아니니라 너희에게 미래와 희망을 주는 것이니라
>
> 렘 29:11

하나님은 우리 각 사람을 향해 좋은 생각을 가지고 계십니다. 하나님께서는 우리 삶을 위한 완벽한 계획이 있으십니다. 우리는 놀랍도록 경이롭게 창조되었습니다(시 139:14). 내 부모는 나를 원치 않았을지 모르지만, 하나님께서는 세상을 창조하실 때부터 나를 아시고 나를 위한 계획을 가지셨습니다. 그럼에도 불구하고 우리 대부분은 하나님의 기준에 한참 떨어진 삶을 살면서 하나님께서 우리 삶 가운데 행하시려는 일들을 제한하고 있습니다.

우리 단체는 한 달에 백만 달러(한화 약 11억역자주) 이상을 TV 방송하는 데에 지출합니다. 이 사역은 더 성장할 것이고 계속해서 더 많은 돈이 사역에 들어가겠지만, 우리가 한 달에 백만 달러가 아니라 천만 달러를 더 쓴다고 해도 절대로 저의 설교를 듣지 못할 사람들이 많이 있을 것입니다. 아무리 많은 돈을 TV 방송에 쓴다고 해도 말입니다. 하지만 제가 절대로 만날 수 없는 사람들, 그 사람들에게 영향을 끼칠 능력이 당신에게는 있습니다.

우리 모두에게는 우리가 영향력을 끼치는 영역, 즉 우리만이 만날 수 있는 사람들이 있습니다. 이들은 우리를 아는 사람들이며 우리를 지켜보고 있는 사람들로서 가족, 이웃, 친구, 동료들입니다. '어떤 목사나 사역자가 언젠가는 이 사람들에게 복음을 전해 주겠지.' 하면서 그들에게 복음을 전하지 않는다면 결국은 죽어서 지옥 밖에는 갈 곳이 없는 사람들입니다. 우리는 이 사람들을 위해 하나님께서 우릴 쓰시도록 분연히 일어나야 하며 그것을 위해 우리의 잠재력을 모두 다 사용해야만 합니다!

설교 중에 '리더로 부르심을 받은 사람들은 손을 들어보라'고 하면 절대 손을 들지 않는 사람들이 있습니다. 그들은 자신을 리더로 보지 않습니다. 그러나 실은 우리 모두가 리더입니다. 리더쉽의 정의는 영향력이며 우리는 모두 누군가에게 영향을 끼치고 있기 때문입니다. 우리의 자녀, 이웃 또는 친구들에게 말입니다. 어떤 사람들은 다른 사람들보다 더 많은 영향력을 가졌습니다만 우리 모두가 누군가에게 영향력을 미치도록 부르심을 받았습니다. 다른 사람들에게 영향력을 미치는 리더로 자신을 보지 못하고 '아이고 내 팔자야, 될 대로 되라지 뭐.'라고 한다면 우리의 인생은 마치 탁구공처럼 이 문제에서 저 문제로 왔다 갔다 하다가 인생의 정확한 방향도 없이 닥치는 대로 장애물에 부딪히다 끝나고 말 것입니다. 하나님께서 주신 권세를 취하여 산(문제)에게 옮겨지라고 명령하지 않고 있다면 그것이 바로 하나님을 제한하는 것입니다.

　하나님께서는 모든 사람을 리더로 만드셨습니다. 그리고 그것은 각자의 부르심에 따라 다양한 모습으로 나타날 것입니다. 당신 안에 전능하신 하나님이 계신다면 그분은 당신의 삶을 위한 목적을 가지고 계십니다. 그 목적은 당신이 뭔가를 성취하게 하여 결과적으로 다른 사람들에게 영향력을 미치게 할 것이며 그것으로 인해 당신의 마음은 만족하게 될 것입니다. 혹시 다른 사람들에게 긍정적인 영향을 미치지 못하고 있거나 성취하고 있는 일이 없습니까? 당신이 거듭난 성도라면 당신 안에는 하나님이 살아 계시며 하나님으로부터 부여된 중요한 임무가 있습니다. '하나님은 그분의 주권으로 모든 일들이 알아서 역사하도록 만드신다.' 는 말은 사실이 아닙니다. 삶에 기쁨이 넘치지 않고 삶에 대한 흥미가 없거나 하나님께서 당신을 통해서 하시는 일에 대한 열정이 없다면, 하나님의 계획안에 있지 않거나 그분이 당신의 삶에서 하시려는 일들을 제한하고 있는 것입니다.

하나님께서는 당신이 가진 능력 밖의 일을 하도록 당신을 부르신다

2002년 1월 31일, 하나님께서 시편 78편을 통해 저에게 말씀하셨을 때, 저의 삶에 엄청난 혁명이 일어났습니다. 시편 78편의 목적은 이스라엘 백성의 젊은 세대가 그들의 조상들처럼 하나님을 제한하거나 하나님을 근심시켜 드리지 않게 하려는 것이었습니다. 이것은 참으로 엄청나게 능력 있는 말씀이었고 주님은 이 시편을 사용하셔서 저의 삶을 완전히 바꿔 놓으셨습니다!

> 참으로 그들이 뒤로 돌이켜 하나님을 시험하고 이스라엘의 거룩하신 이를 제한하였도다. 시 78:41(킹제임스 흠정역)

2002년도에 이 단순한 구절을 통해 하나님께서 저에게 말씀하셨듯이 당신에게도 말씀하시길 기도합니다. 우리 중 그 누구도 우리 삶을 위한 하나님의 능력과 자원과 힘을 전부 다 사용한 사람은 없습니다. 하나님은 무한하신 분입니다. 하나님은 크신 분입니다. 그리고 우리의 삶은 그분의 무한하심과 크심을 반영해야 합니다. 자기 자신의 능력을 바라보면서 '내가 그 학교를 나왔으니 이런 일을 할 수 있었고 지금 가진 것을 얻어 낸 것이지.'라고 생각한다면 당신은 하나님의 뜻을 놓친 것입니다. "당신은 어떻게 그런 일을 성취하고 있습니까? 어떻게 그리도 축복을 받았습니까?"라고 사람들이 물어본다면 "하나님을 제외하면 설명할 수 없습니다."라고 말할 수 있는 삶이 되어야 합니다. 만약 그것이 당신의 학력이나 카리스마 또는 능력 때문이라면 당신은 하나님의 뜻을 놓친 것입니다. 당신의 삶이 초자연적supernatural이지 않다면 얄팍한superficial 것일 뿐입니다.

하나님께서는 당신이 가진 능력 밖의 일을 하도록 당신을 부르실 것입니다. 하나님은 당신이 자기 자신보다 더 큰 일을 하도록 당신을 부르실 것입니다. 만약 당신이 생각하는 하나님의 부르심이 스스로의 힘으로 할 수 있는 일이라면 아마도 그것은 하나님의 음성이 아니었을 것입니다. 예를 들자면 하나님께서는 내성적이었던 저를 말씀을 전하는 자로 부르셨습니다. 저는 고등학교 때까지 사람 얼굴을 제대로 쳐다보지도 못했습니다. 그랬던 제가 지금은 수백만의 사람들에게 말씀을 전합니다. 하나님께서는 저 스스로의 힘으로는 결코 할 수 없는 일을 하도록 저를 부르신 것입니다!

그분은 말로는 설명할 수 없는 일들을 저를 통해서 하셨습니다. 하나님께서 왜 저의 사역을 이렇게도 축복하시는지 저는 알지 못합니다. 이것은 저의 능력을 초월한 것입니다. 저는 다만 예수님을 사랑하고 그분만을 꽉 붙잡는 일만 합니다. 제 사역을 보면 '이것은 나의 놀라운 능력 때문에 이렇게 잘 된 것입니다.' 라고 말할 수 있는 것이 하나도 없습니다. 사실 제가 하나님이었다면 저 같은 사람을 선택하지는 않았을 것입니다.

너는 혼자 힘으로 이렇게 할 만큼 똑똑하지 않아!

> 형제들아 너희를 부르심을 보라 육체를 따라 지혜로운 자가 많지 아니하며 능한 자가 많지 아니하며 문벌 좋은 자가 많지 아니하도다 고전 1:26

제가 바로 그렇습니다. 이 구절에 따르면 저는 자격이 있습니다. 저 자신을 바라보며 저의 재능과 능력 때문에 성공했다고 말할 수 있는 것이 하나도 없습니다. 지금 하는 일 중에서도 저 혼자 힘으로 할 수 있는 일이 하나도 없습니다. 지금 성취되고 있는 모든 일은 오직 저를 통해 일하시는 하나님 때문에 가능한 일들입니다.

제 어머니는 2009년도에 96세의 나이로 돌아가셨습니다. 돌아가시기 직전에 저의 사역에 관해 물어보셨을 때 저는 미국과 해외에서 하나님께서 하시는 놀라운 일들에 대해 어머니께 모두 말씀드렸습니다. 그러자 어머니는 가늘어진 손가락으로 저를 가리키며 이렇게 말씀하셨습니다.

"앤디, 그것은 모두 하나님께서 하시는 일인 줄을 너도 알지?"

"네, 어머니. 물론이죠."

"너는 혼자 힘으로 이렇게 할 만큼 똑똑하지 않아!"

"네 맞아요, 어머니. 아멘! 어머니 말씀이 맞습니다."

만약 우리가 자신의 힘과 능력으로 모든 것을 다 이루었다고 생각한다면 우리는 아직도 우리의 인생을 향한 하나님의 뜻 안에 들어가지 못한 것입니다. 하나님께서는 우리 자신보다 큰 일, 즉 우리의 능력 이상을 필요로 하는 일을 위해 우리를 부르실 것입니다.

그렇게 볼 때, 우리의 삶 어느 순간에서는 우리가 모두 하나님의 뜻을 놓쳤었다고 저는 생각합니다. 그 어떤 누구도 완벽하게 해내는 사람은 없기 때문입니다. 하나님만 믿으며 하나님께서 원하시는 것을 모두 다 해내고 있는 사람은 없습니다. 하나님은 크시고 한계가 없으시며 무한하시기 때문입니다. 그분은 우리가 더 큰 꿈을 품기를 바라십니다. 그런데 안타깝게도 우리들 대부분은 꿈이 너무 작습니다.

2002년 저에게 이것을 알려주시면서 하나님께서는 저 역시 하나님께 마음을 닫고 이스라엘의 거룩한 자를 제한했던 이스라엘 백성들처럼 그분을 제한하고 있다고 말씀하셨습니다. 저는 솔직히 제가 하나님을 제한하고 있었다는 것은 상상도 하지 못했습니다. 하나님께서 그 말씀을 해 주셨을 때 저는 이미 34년간 사역을 하고 있었고 놀라운 일들도 많이 경험했었습니다. 죽었던 사람들이 살아나는 기적도 경험했습니다. 제 아들이 죽었다가 살아나는 일도 경험했고요. 5시간 동안 사망상태였지만 두뇌에 어떤 이상도 생기지 않았습니다!

만약 하나님께서 모든 것을 주관하시고, 하나님이 원하시면 무엇이든지 다 하실 수 있다고 믿는다면 성경책에서 시편 78편을 찢어버려야 할 것입니다. 왜냐하면 이 구절은 이스라엘 백성이 하나님을 제한했다고 증거하기 때문입니다. 하나님께서는 그들이 원하는 것 이상의 일을 하시려고 했습니다. 하나님은 그들을 약속의 땅으로 데려가고자 하셨습니다. 그리고 그 일을 40년이 아닌 1년 안에 이루려 하셨습니다! 그러나 그곳을 정탐했던 사람들은 그 땅에 거인이 있다며 들어가기를 거절했습니다. 그러한 이유로 그 나라를 향한 하나님의 뜻은 40년간 미뤄지게 된 것입니다. 그들이 하나님을 제한했기 때문입니다!

이것만 봐도 우리가 하나님을 제한할 수 있다는 것을 분명히 알 수 있습니다. 하나님은 그들이 광야에서 40년이나 허비하길 원치 않으셨습니다. 사람에 대한 두려움으로 그들이 하나님을 제한했던 것입니다. 우리는 이 원리를 우리 삶의 다른 영역, 예를 들어 치유와 같은 영역에 적용할 수 있습니다. 요한삼서 1:2을 보면 하나님께서는 우리가 아프기를 원치 않으신다는 것이 확실합니다. 그럼에도 불구하고 우리 쪽에서 하나님이 우리를 치유하는 방식을 제한하고 있습니다.

> 모세가 죽을 때 나이 백이십 세였으나 그의 눈이 흐리지 아니하였고 기력이 쇠하지 아니하였더라　　　　신 34:7

모세는 120세에도 건강하였고 완벽한 시력을 소유했었습니다. 만일 하나님께서 옛 언약 아래 있는 사람에게 그런 일을 하실 수 있었다면 새 언약 아래 있는 우리에게는 얼마나 더 큰 일을 하실 수 있겠습니까? "내 나이 40이 넘었는데 이런 게 정상이지. 몸에 이상이 오기 마련이고 노안이 오는 것이 정상이야."라고 생각하는 것이 바로 하나님을 제한하는 것입니다.

우리는 다른 사람들과 우리를 비교하며(고후 10:12) 이렇게 말합니다. "사람들이 다 그러니까 나도 그렇게 될 거야." 그러나 우리는 하나님의 말씀에 근거하여 우리도 모세처럼 건강하고 좋은 시력을 유지할 수 있다고 믿어야 합니다. 다른 사람들이 그러니까 우리도 그렇게 될 거라는 생각이 하나님을 제한하고 있습니다.

> 네가 혹시 심중에 이르기를 이 민족들이 나보다 많으니 내가 어찌 그를 쫓아낼 수 있으리요 하리라마는   신 7:17

하나님께서 제가 하나님을 제한하고 있다고 저에게 말씀해 주셨을 당시, 제가 하고 다니던 말이 바로 이 구절과 같은 말이었습니다. 다른 나라들이 그들보다 강하다는 말로 이스라엘 백성은 하나님을 제한했습니다. 하나님께서는 완전한 승리를 약속하셨지만, 그들은 하나님의 약속을 의심했고 그 결과 마음이 흔들렸습니다. 그것이 바로 하나님을 제한한 것이기 때문에 하나님께서 다른 나라 백성들을 약속의 땅에서 쫓아내지 못하신 것입니다(히 4:2).

하나님은 사람들을 통해 역사하신다

> 우리 가운데서 역사하시는 능력대로 우리가 구하거나 생각
> 하는 모든 것에 더 넘치도록 능히 하실 이에게   엡 3:20

많은 사람이 이 구절을 인용하여 하나님께서 어떤 일도 하실 수 있다고 말하지만, 그것은 중요한 부분을 놓친 것입니다. 이 구절에는 '우리가 구하고 생각하는 모든 것에 넘치도록 능히 하실 이'라는 말만 있지는 않습니다. 그 앞에 "우리 안에 역사하시는 능력대로"라는 단서가 붙어 있습니다. "~대로"라는 말은 "~만큼" 또는 "우리 안에 역사하는 능력의 정도만큼"이라는 뜻입니다.

우리가 믿음을 갖지 않고 지극히 거룩한 믿음 위에 자신을 세우지 않는다면(유 1:20), 우리 안에서 흘러나가는 하나님의 능력을 제한하게 됩니다. 우리의 삶 가운데 역사하는 하나님의 능력을 우리 자신이 막을 수도 있다는 말입니다. 우리에게 치유받지 못한 영역이 있다면 하나님이 우리를 치유하지 않으신 것이 아닙니다. 우리 안에 있는 하나님의 능력을 우리가 풀어내지 못한 것입니다. 하나님은 사람들을 통해서 역사하셔야만 합니다. '하나님은 주권적으로 역사 하신다'고 할 때, 사람들은 그 말을

'그 어떤 누구도 하나님의 역사를 어찌할 수 없다'는 뜻으로 씁니다. 그렇다면 그것은 '하나님께서 하늘로부터 주권적으로 역사하셔서 모든 일을 홀로 하신다'는 말인데, 그것은 전혀 성경적이지 않습니다. 하나님은 항상 사람을 쓰십니다. 사람들을 통해 역사하십니다. 그리고 하나님께서 우리의 삶 가운데 행하시려는 일들은 여러 가지 방법으로 사람들에게 제한받을 수 있습니다.

교회의 역사를 자세히 살펴보면 부흥이 있을 때마다, 항상 누군가는 기도했고, 누군가는 믿음을 발휘했으며, 누군가는 하나님의 역사하심을 끌어내는 운동Movement에 적극적으로 가담하고 있었습니다. 하지만 하나님은 어떤 운동을 통해 역사하지 않으십니다. 그동안 은사주의 운동이 있었고, 치유 운동, 믿음의 말씀 운동이 있었습니다. 그러나 우리는 마치 그분이 그 운동 가운데 내려오셨다가 능력을 쏟아낸 뒤 사라져 버려서 그 운동 이후의 세대를 힘없는 세대로 만들어 버린 장본인인 양 하나님을 비난합니다. 하지만 그것은 하나님께서 역사하시는 방법이 아닙니다. 하나님은 우리 모든 각 사람이 그분의 충만함 가운데 행하기를 원하십니다.

그러한 운동을 통해서만 역사가 일어난다면 하나님은 그 모든 운동을 한꺼번에 일으키시고도 남을 분입니다. 치유의 부흥을 예로 들자면 당시 교회는 치유에 관한 진리를 잃어버린 상태였지만 치유를 끝까지 붙잡았던 오랄 로버츠와 같은 분들이 있었기 때문에 치유 운동이 시작된 것입니다. 그분의 간증을 읽어보면 치유의 부흥이 그냥 그에게 임한 것이 아님을 알 수 있습니다. 그가 그것을 추구했습니다.

오랄 로버츠의 첫 집회에서 있었던 일입니다. 그는 그리스도의 몸 된 교회가 너무나도 능력이 없고 치유가 일어나지 않는 것에 지쳐서 이렇게 결심했답니다. "이런 식으로는 더 이상 살지 않겠다. 말씀이 진리이기에 오늘날도 하나님께서 기적을 행하시거나 그것이 아니라면 나는 목사로서의 연극을 그만두고 하나님을 섬기지 않을 거야." 그 역시 자신의 의심과 치열하게 싸워야 했지만 결국 기적을 경험하게 되었고 자신뿐만 아니라 다른 이들에게도 성령의 불을 지피게 되었습니다.

이렇듯 오랄 로버츠와 또 여러 사람들을 통해 치유의 운동이 일어나게 되었습니다. 그러자 사람들이 '치유의 운동을 통해 하나님이 일하신다!' 라고 말하기 시작했습니다. 하지만 그것은 치유를 끝까지 추구했던 사람들에 의해 시작된 것입니다. 그 전에는 대부분의 사람들이 치유를 추구하지 않았지만, 그때도 하나님께서는 항상 치유를 행하려 하셨습니다. 결국, 치유의 영역은 그렇게 뚫리게 되었고 사람들은 하나님의 기적적인 치유의 능력을 경험하게 되었습니다. 그러나 당시 뚫린 것은 그 영역

뿐이었습니다. 만일 치유의 운동을 일으키신 장본인이 하나님이었다면 그분은 말씀의 운동, 은사주의 운동, 의 운동, 성령세례 운동 등, 이 모든 것을 한꺼번에 일으키셨을 것입니다. 사람들이 하나님으로부터 받는 방법이 오직 그런 것이라면 말입니다.

이제 더 이상 이렇게 살지는 않겠다고 다짐하고 하나님께서 역사하실 것을 믿기로 한다면 반드시 그것을 경험하게 될 것입니다. 그러면 또 하나님께서 새 일을 행하신다고 생각하고 싶을 것입니다. 아닙니다. 하나님은 지난 2천 년간 행하기 원하셨던 바로 그 일을 하시는 것뿐입니다. 하나님은 교회가 암흑기를 거치는 것을 원치 않으셨습니다. 그때는 그리스도의 몸 된 교회가 지식이 없으므로 망했던 것이고 하나님의 말씀을 몰라서 그랬던 것입니다. 우리가 그분을 제한하는 일만 멈춘다면 그분은 그동안 원하셨던 일을 하실 수 있습니다.

인생에는 예행연습이 없습니다

하나님은 당신을 약속의 땅으로 인도하기 원하십니다. "하나님, 정말 너무너무 멋집니다. 당신은 멋진 분이십니다! 하나님의 일에 동참한다는 것이 얼마나 큰 특권인지요."라고 고백하면서 아침마다 일어나게 할 그런 일들을 하나님께서는 당신의 삶 가운데 행하기 원하십니다. 하나님은 우리가 모두 그렇게 살기를 원하십니다. 그런데 우리 대부분의 모습은 어떻습니까? "아, 또 아침이네. 좀 더 자고 싶은데. 월요일이니 일하러 가야만 해." 하면서 일어납니다. 또는 직장에서 이렇게 외칩니다. "TGIF!"

하루는 제가 우리 학교 휴게실을 지나가는데 직원 한 명이 이렇게 외쳤습니다. "TGIF!" 그래서 제가 그것이 무슨 뜻인지 물어보았습니다.

"하나님 감사합니다(Thank God). 금요일이라서요(It's Friday)!라는 뜻이에요."

그래서 금요일이라서 뭐가 그렇게 좋은지 물었습니다. 그가 대답했습니다. "내일이면 일을 안 할 수 있잖아요."

"우리 단체에서 일하는 것이 별로인가요? 그 문제라면 내가 간단하게 해결해 줄 수 있는데. 더 이상 일하러 오지 않을 수 있게."

"아니에요. 여기서 일하는 것은 좋아요. 그냥 주말이 좋은 거죠."

"저기 말이죠, 당신의 일자리를 원하는 사람들이 엄청 많아요. 여기서 일하는 것이 싫다면, 매일 매일이 금요일이 되게 해 줄게요."

그 청년은 자신이 한 말을 엄청 후회했지요! 물론 저는 그 청년에게 농담한 것이긴 하지만 월요일에 일어나서 일하러 가는 것이 즐겁지 않다면, 또는 주말에 일하지 않아도 되니까 금요일이 좋다면 당신은 당신의 삶을 향한 하나님의 뜻을 아직 찾지 못했다는 증거입니다. 이것이 바로 우리가 우리의 삶 가운데서 하나님을 제한하는 한 가지 방식입니다. 연금 때문에 또는 안정적인 직업이라 어쩔 수 없이 그 일을 하고 있다면 당신은 하나님의 뜻을 놓치고 있는 것입니다.

인생에는 예행연습이 없습니다. 지금 사는 이 인생이 실전입니다. 당신에게 날개를 달아주고 성취감을 느끼게 하는 일을 하고 있지 않다면, 또 "내 삶에 이 일을 할 수 있다는 것이 하나님의 큰 축복이다."라는 고백이 없다면 당신은 오늘 하루도 낭비했을 뿐입니다. 하나님은 당신에게 계획이 있으시고 그 계획을 찾으면 당신은 성취감을 느끼게 될 것입니다. 모두가 저처럼 TV에 나오거나 설교 단상에 서는 것이 하나님의 뜻은 아니지만, 하나님은 우리 각 사람을 특별하게 만드셨고 우리의 삶을 기쁨과 평안으로 가득 채워 줄 일을 하도록 우릴 부르셨습니다. 그렇게 살고 있지 않다면 당신은 시간을 낭비하고 있는 것입니다.

어떤 분들은 기쁨이 전혀 없는 삶에 변화가 있기를 기도하

있을지도 모르겠습니다. 그러나 당신이 그렇게 낙심된 이유는 하나님께서 부르신 그 일을 하지 않고 있기 때문입니다. 하나님은 이쪽으로 당신을 이끌고 계시는데 당신은 저쪽으로 가고 있습니다. 가족 대대로 그 일을 했다는 이유로 말이죠. 하나님께 당신의 삶을 드리면 아프리카에 가라고 하실까 봐 두려워서 하나님보다는 이성을 쫓아가고 있는 것입니다. 그러나 하나님이 하라고 부르신 그 일을 하지 않고 있기 때문에 기쁨과 만족이 없는 것입니다.

당신이 바로 그 사람이군요!

저는 일 년에 한 번씩 노스캐롤라이나 샬럿에 있는 사원 30여 명 정도의 회사에서 몇 년째 계속 말씀을 전하고 있습니다. 제가 갈 때마다 그 회사 사장은 직원들을 불러 모아놓고 이렇게 말합니다. "오늘 여러분들이 할 일은 이 분이 하고 싶은 얘기를 다 할 때까지 그 얘기를 듣는 것입니다." 그러면 저는 그 직원들에게 말씀을 나눕니다. 한번은 제가 그곳에 말씀 전하러 갔을 때 안내 데스크에 처음 보는 젊은 아시아 여자가 있었습니다. 제가 왜 말씀을 듣는 자리에 오지 않았는지 묻자 자기는 새로

입사한 직원이라 전화를 받아야 해서 자리를 지키고 있었다고 했습니다. 그러더니 저보고 오늘의 강사냐고 물었습니다. 그래서 제가 그렇다고 했습니다.

그분은 제게 어떤 일을 하느냐고 물었고 저는 사역자라고 대답했습니다. 그러자 그분이 "누구를 위한 사역자십니까?"라고 물었습니다.

"예수 그리스도를 위한 사역자입니다."

"당신이 바로 그 사람이군요!"

"바로 그 사람이라뇨?"

그리고 그분이 제게 말해준 내용은 이렇습니다. 지난밤 자기 종교(힌두교 또는 불교 중 하나)의식을 하고 있었는데 자신이 섬기는 신이 참 신이 아니라는 생각이 들었답니다. 그래서 도중에 멈춰 이렇게 말했다고 합니다. "하나님, 나는 당신이 존재하는 것을 압니다. 그리고 이것보다는 더 크신 분이어야 합니다. 당신을 저에게 보여주시고 참 신이 누군지 알려주세요."

그러자 바로 어떤 빛이 아주 가까이 나타나서 이렇게 말했다고 합니다. "내가 내일 나에 대해 말해줄 사람을 너에게 보내주겠다."

그리고는 저에게 이렇게 외쳤습니다. "당신이 바로 그 사람이에요!"

"네, 제가 바로 그 사람입니다. 아멘!"

저는 바로 그분을 주님께로 인도하였고 그분은 그 자리에서 성령세례를 받고 방언까지 했습니다. 일을 마치고 돌아가려고 제 차에 앉았을 때 '내가 있어야 할 시간에, 있어야 할 자리에 있었구나!' 라는 생각에 넘치는 평안과 기쁨이 저를 감쌌습니다. 내가 있어야 할 바로 그곳에 있었다는 것을 알 때 오는 놀라운 만족이 있습니다. 여러분 중에 어떤 분은 지금 있어야 할 곳에 있지 않기 때문에 이러한 만족을 한 번도 느껴보지 못한 것입니다. 안전한 쪽을 택해서 그렇습니다. 조준하는 곳이 없다면 맞출 수도 없지 않겠습니까? 당신의 다른 가족들이 전부 그랬듯이 이성적으로 생각해야 한다고 배워왔겠지요. 그래서 하나님을 제한하고 있는 것입니다!

자기들끼리 비교하다

우리는 우리 자신을 감히 자기를 칭찬하는 어떤 사람들과 같은 부류로 나누거나 비교하지 않으나 그들은 자기들 가운데서 스스로를 측정하고 자기들끼리 비교하니 현명하지 못한 것이라.

고후 10:12 (한글킹제임스)

사람들은 대부분 다른 사람들을 기준으로 삼고 그들과 자신을 비교함으로써 하나님을 제한하지만, 하나님의 말씀은 다른 사람들을 기준으로 삼으면 안 된다고 분명하게 말하고 있습니다. 하나님의 말씀에 의해 우리 생각을 통제하지 않고 부모님을 바라보고, 할머니 할아버지의 얘기를 듣고, TV에서 하는 말을 들으면서 다른 사람들이 겪었던 얘기만을 듣습니다. 그러다가 그런 나쁜 일들이 자신들에게도 일어나면 타인들의 경험을 근거로 하여 자기들끼리 서로 비교하면서 하나님을 제한하는 것입니다.

재정을 예로 들어보겠습니다. 경제가 침체되었다는 소리를 들으면 우리에게도 그럴 것으로 생각하는 것이지요. 콜로라도 스프링스에는 수백 개의 선교단체가 있는데 2008년도에 소위 경기침체가 왔을 때 많은 단체가 15~25% 정도 예산을 삭감했었습니다. 아직 아무 일도 일어나지 않았는데 말이죠. 세상이 그렇다고 하니까 자신들에게도 경기침체가 일어날 거라고 예단하여 계획을 세운 것입니다. 그리고 어떻게 되었는지 아십니까? 그들이 예단한 대로 됐습니다.

바로 그 시기에 우리 단체의 재정은 차고 넘쳤습니다! 그때 2009년 가을경에 우리는 6천만 달러(한화 약 680억 역자주)가 들어가는 건축을 막 시작했고 더군다나 은행에서 돈을 빌리지 않기로 했었습니다. 그리고 그 경기침체 기간 동안 우리 사역의 재정은 하늘을 치솟으며 성장했습니다. 우리는 다만 경기침체에 참여하지 않기로 했기 때문에 경기침체를 예단하지 않았고 그것에 대비하여 계획을 세우지 않았을 뿐입니다. 그 결과 우리는 경기침체를 겪지 않았습니다.

> 나의 하나님이 그리스도 예수 안에서 영광 가운데 그 풍성한 대로 너희 모든 쓸 것을 채우시리라   빌 4:19

우리의 재정은 세상을 따라가야 할 필요가 없습니다. 우리의 재정은 세상의 경제가 아닌 하늘의 경제를 따라갑니다. 몇 년 전 장인께서 아내에게 유산을 좀 남겨주셨는데 우리는 그 돈으로 주식에 투자했었습니다. 2008년 말에서 2009년 초, 미국의 주식시장이 50% 하락했을 때였는데 우리가 투자한 그 주식은 61% 상승했었습니다. 그러니까 50% 하락한 주식시장에서 61% 상승한 것입니다! 하나님께서 우리를 축복하신 것입니다! 우리 주식을 관리해 주시는 분도 왜 우리 주식만 이렇게 잘되는지 그 이유를 알 수 없다고 했습니다. 여러분 중에는 너무 육신적이어서 제 말을 믿지 않는 분도 계실 것입니다. 아마도 무슨 이유가 있을 것으로 생각할지도 모릅니다. 아니요, 다만 하나님의 축복일 뿐입니다. 저희 주식 관리자도 자신의 다른 의뢰인들은 우리만큼 주식이 잘 되지 않는다고 했습니다. 이유가 있다면 그것은 우리가 하나님을 믿었기 때문입니다. 그 사람의 마음의 생각이 어떠하면 그 위인도 그러한 법입니다. 우리는 세상의 동향을 거슬렀던 것이지요. 어떤 분은 경기를 잘 살펴보고 뒤로 물러서야 한다고 생각합니다. 형통할 것을 기대하지 않습니다. 그렇게 하는 것이 바로 하나님께서 당신의 삶 가운데 하실 수 있는 일들을 제한하는 것입니다.

어떤 분들은 경기침체 기간 동안 형편이 어려워질 것을 예단하며 헌금을 줄였을 것입니다. 아뇨, 소비와 지출을 줄여야지 헌금을 줄여서는 안 됩니다! 추수를 가로막는 최악의 일은 씨를 줄여서 심는 것 아닙니까? 무슨 일이 있을 때는 더욱 헌금을 늘려야 합니다! 하지만 대부분 이렇게 생각하지 않기 때문에 결과적으로 하나님을 제한하게 되는 것입니다.

2002년에 하나님께서 저에게 이 말씀을 하셨을 때 저 또한 제가 하나님을 진정으로 믿고 있다고 생각했으며 예전의 나를 기준으로 삼아 당시의 나와 비교하고, 다른 사람들을 기준으로 삼아 그들과 나를 비교하면서 제가 꽤 잘 하고 있다고 생각했었습니다. 그러나 다른 사람을 기준으로 삼고 그들과 나를 비교하는 것은 지혜롭지 못한 일입니다. 가족 중에 항상 망하는 사람이 있었다 해도 그것이 무슨 문제가 되겠습니까? 그랬다고 당신에게도 그런 일이 일어나라는 법은 없습니다. 자신 안에 망할 DNA가 있다고 믿지만 않는다면 말입니다. 사람들이 전부 다 경기침체로 고통받는다고 해서 당신도 고통받아야 하는 것은 아닙니다. 자신도 고통받아야 한다고 믿지만 않는다면 말입니다. 타인을 기준으로 삼아 자기들끼리 서로 비교하고 세상의 기준으로 자신을 측정하는 것은 잘못된 방법입니다.

  뉴스를 몇 분만 들어도 쓰레기 같은 소식들을 많이 듣게 됩니다. 뉴스는 엄청나게 부정적입니다. 예를 들어 뉴스는 독감 시즌이라고 말하면서 모두 다 독감 예방 주사를 맞아야 한다고 강조합니다. 대부분은 '나도 인간인데… 예방 주사 안 맞으면 나도 독감에 걸리겠지.'라고 생각합니다. 사람들의 얘기에 귀를 기울이고 나도 독감에 걸릴 거라고 생각한다면 그렇게 될 것입니다. 하지만 하나님의 말씀이 역사하지 않는 시즌은 없습니다. 독감 시즌도 마찬가지입니다. 시편 91편과 같은 말씀 위에 서서 '어떤 전염병도 나에게 가까이 올 수 없다.'고 선포해야 합니다. 저는 하나님 말씀 위에 서기로 결정하였고 결과적으로 초자연적인 건강을 누리고 있습니다.

  우리 대부분이 이 세상의 쓰레기 같은 소식을 들으면서 우리 자신도 병에 걸릴 것으로 생각합니다. 또 세상에서 일어나는 일들에 의해 무작정 영향을 받습니다. "나도 그냥 인간일 뿐인데."라고 합니다. 그러나 거듭난 자는 '그냥 인간'이 아닙니다. 거듭난 자의 1/3은 성령님으로 가득 채워져 있습니다. 1/3은 구원받은 상태입니다(우리의 영). 우리는 세상이 겪는 일을 겪을 필요가 없습니다. 그 안에 하나님이 없는 자들과 우리를 비교해선 안 됩니다. 그것은 무지한 것입니다. 좀 더 예의를 갖춰 '포퓰리즘'에 입각하여 말하자면 "지식의 결여"입니다. 제 고향 텍사스에서는 그냥 이렇게 말합니다. "이 멍청아! 그렇게 멍청한데 숨은 어떻게 쉬고 사냐?"

제 아버지는 45세의 나이로 돌아가셨습니다. 아버지의 역할을 거의 못 하셨지요. 제가 어렸을 때 저와 공놀이도 해 주지 못하셨고 야외에서 움직이는 것이라면 아무것도 하지 못하셨습니다. 제가 열두 살이 되자 심장에 이상이 생겨 돌아가셨습니다. 사람들은 말하길 이런 문제는 유전이니까 저 또한 나이가 들면 심장 이상, 관절염, 고혈압 등 온갖 건강의 문제를 갖게 될 거라고 했습니다. 하지만 제가 주님을 인격적으로 만나 헌신한 뒤 제일 먼저 한 일은 그 저주를 끊는 것이었습니다. 제가 끊어 버렸습니다. 아버지가 무슨 질병을 앓았는지 그것은 상관없습니다. 저에게는 일어나지 않을 것입니다.

반면 제 어머니는 96세까지 건강하게 사셨습니다. 사람들은 왜 어머니의 좋은 유전자 때문에 제가 건강할 거란 말은 하지 않으면서 아버지의 나쁜 유전자만 들먹이며 저에게 최악의 경우를 말하는 것일까요? 사람들에게는 항상 최악의 경우를 바라보는 경향이 있기 때문입니다. 사람들은 대부분 이렇게 말합니다. "우리 아버지가 심장이 안 좋으셨어. 그러니 내 심장에도 문제가 생길 거야." 대부분 이런 것들을 사실인 양 그저 받아들이는데, 우리는 부모님이나 다른 사람들을 기준으로 삼아서 그들과 우리를 비교해선 안 됩니다. 이러한 생각이 하나님께서 우리 몸에 주시려는 치유를 제한하기 때문입니다.

하나님의 말씀이 자기가 믿는 것과 다를 때 하나님의 말씀에 자리를 내어주지 않는 사람들이 대부분입니다. 대대로 그 집안에서 그렇게 해 왔기 때문에 앞으로도 그렇게 될 거로 생각합니다. 하지만 우리는 믿는 바를 바꿔야 합니다. 많은 사람이 여러 영역에서 하나님의 말씀보다 자기 생각을 더 높이면서도 그것이 아주 교묘하기 때문에 자기가 그렇게 생각하고 있다는 것조차 인식하지 못합니다. 예를 들면 많은 여성이 한 달에 한 번 며칠간은 마귀처럼 행동해도 된다고 배웠습니다. 하나님은 여성을 그렇게 창조하지 않으셨는데도 하나님적이지 않은 그 기준을 받아들인 것입니다. 만약 여성들이 그것을 믿는다면 사단은 그때를 이용할 것입니다.

잘못된 신념체계

제 아내도 어렸을 때 그러한 문제가 있었지만, 아내는 하나님을 믿었고 치유받아 그 모든 문제를 해결 받았습니다. 갱년기도 증상 없이 지나갔고 호르몬제를 맞거나 하지도 않았습니다. 아내는 그 기간을 초자연적으로 통과했습니다. 하지만 많은 여성이 갱년기는 비참한 것이며 여러 증상을 겪을 수밖에 없다고 생각합니다. 하지만 누가 그럽니까? 다만 자연적('초자연적'의 반대 의미로역자주)으로 생각하도록 우리가 훈련된 것일 뿐입니다. 그러니 질병과 독감에 걸릴 것이라고 굳게 믿고, 두통은 곧 찾아올 것이며, 여기저기 쑤시고 아플 것으로 생각하기 때문에 낮은 수준의 삶을 받아들이는 것입니다.

저는 60세가 넘었지만 아픈 데가 없습니다. 지난 40년 동안 딱 한 번 아팠는데 그것은 제가 멍청했던 탓이었습니다. 그때 일주일에 41번을 설교하고 그다음 주에 또 42번 설교해서 녹초가 된 나머지 침대에 거의 기어들어 갔었습니다. 침대에서 하루 꼼짝 않고 있었더니 괜찮아져서 바로 다음 날 땔감으로 쓸 장작을 팼습니다. 너무 성급했지요. 그래서 병이 났습니다. 예, 멍청해서 병이 난 거라고 하셔도 됩니다! 그때 딱 한 번 아팠습니다. 저는 병드는 것을 믿지 않습니다. 질병을 받아들이지 않습니다. 어떤 분은 '그렇게 살 수는 없지요.'

하시겠지만 저를 그냥 내버려 두세요. 저는 이렇게 살 겁니다. 질병에 걸릴 수밖에 없다고 생각한다면 당신은 하나님을 제한하는 것입니다.

어떤 병에 걸렸다고 꼭 그 병에 대해 샅샅이 알아봐야 하는 것은 아닙니다. 질병에 집중하지 마시고 하나님 말씀에 집중하십시오. 그분의 말씀은 믿는 자에게는 능치 못함이 없다고 하십니다. 치유에 관한 말씀을 자신에게 선포하십시오. 잘 보이는 곳에 말씀을 붙여놓고 그 말씀에 집중하십시오. 그러나 우리 대부분이 하나님의 말씀에 집중하지 않고 세상에 집중하며 다른 사람들은 어떻게 하고 있는지 신경 쓰면서 하나님을 제한하고 있습니다.

당신은 보통이 아닙니다

하나님을 모르는 사람들과 그리스도인들은 달라야 합니다. 우리는 산 자들이고 그들은 죽은 자들입니다. 살아있는 사람들과 죽은 송장은 달라야 하지 않겠습니까? 여러분들 중에 어떤 분들은 믿지 않는 사람들만큼 아프고, 믿지 않는 사람들만큼 가난하며, 믿지 않는 사람들만큼 우울하고, 믿지 않는 사람들만큼 부정적입니다. 하나님을 알지도 못하는 사람들만큼 말입니다. 만일 우리가 그리스도인이라서 잡혀간다면 어떤 사람들에게는 붙잡아 둘만 한 충분한 증거가 없을 수도 있습니다. 그러나 하나님을 모르는 사람들과 그리스도인들 사이에는 분명 차이가 있어야 합니다. 하나님께서는 우리가 지금 경험하고 있는 것보다는 더 위대한 것들을 위해 우리를 만드셨습니다. 우리를 보통 이상으로 만드셨다는 말입니다. 만일 우리가 보통이라면 그것은 좋지도 나쁘지도 않다는 뜻입니다. 그것이 바로 미지근한 것 아니겠습니까?(계 3:16) 하나님은 우리 모두를 특별하게 만드셨습니다. 그렇게 느껴지지 않는다면 이제 하나님께 씌워 놓은 제한을 벗겨버려야 합니다.

이것은 우리의 건강, 재정, 그리고 세상에서 일어나는 모든 일에 적용할 수 있을 뿐 아니라 영적 영역에도 적용할 수 있습니다. 사람들은 대부분 하나님을 진심으로 추구하지도 않고 그분의 음성을 듣지도 않습니다. 그 결과 하나님과의 관계가 친밀하지 못하기 때문에 "다른 사람들도 안됐으니까 내가 완전한 승리를 경험하지 못하는 것도 문제가 안 돼."라고 생각합니다. 그러한 사고방식으로 하나님을 제한하는 것입니다.

2001년 911 테러 이후 대부분의 사역단체에 들어오던 후원이 25~40%까지 떨어졌었습니다. 911 관련 뉴스를 보느라고 기독교 TV나 라디오를 멀리했기 때문입니다. 어떻게 돌아가는지 모두가 알기 원했으니까요. 그리고 사람들은 주로 적십자나 그 비슷한 곳에 후원했습니다.

주요 사역단체 대부분이 이 시기에 재정적인 어려움을 겪었습니다. 그런데 911 이후로 우리 단체는 후원금이 세 배로 뛰었습니다. 현저하게 상승한 것입니다! 911 바로 직후에 상승했습니다. 그동안의 후원금 기록을 깨기까지 했습니다! 이러한 일이 우리에게 가능했다면 다른 모든 사역단체에도 가능할 수 있었습니다. 하나님은 차별하지 않으시기 때문입니다(롬 2:11).

믿는 자들은 평범한 사람들보다 훨씬 더 잘 돼야 마땅합니다. 예수님은 이 악한 세대에서 우리를 건지시려고 돌아가신 것이 아니었나요?(갈 1:4) 그러나 슬프게도 믿는 자들이 모두 이것을 누리는 것은 아닌 것 같습니다.

다른 사람들을 기준으로 판단하면서 하나님께서 당신을 위해 하실 일과 당신을 통해서 하실 일들을 제한하고 있지는 않습니까? 보통 사람들이 앓는 질병을 앓으며 같은 재정적, 감정적 문제를 갖기 원하십니까? 우리는 하나님 말씀으로 돌아가서 말씀이 뭐라고 하시는지를 알아야 합니다. 하나님의 말씀은 우리를 보통 이하가 아니라 보통보다 훨씬, 훨씬, 훨씬 그 이상으로 만들어 줄 것입니다.

여호와께서 너를 머리가 되고 꼬리가 되지 않게 하시며 위에 만 있고 아래에 있지 않게 하시리니 오직 너는 내가 오늘 네게 명령하는 네 하나님 여호와의 명령을 듣고 지켜 행하며

신 28:13

요즘 어떻게 지내냐고 물으면 "이런 경기 아래 치곤 괜찮습니다."라고 대답하는 사람들이 있습니다. 그런 분들에게 우리는 그 아래에서 나오라고 말해줘야 합니다! 우리는 위에만 있어야지 아래에 있으면 안 됩니다. 머리가 되어야지 꼬리가 돼서는 안 됩니다. 문제가 있을 때도 기뻐해야 합니다. 문제가 있다고 핑계를 대서는 안 되며 그 문제의 원인을 파악해야 합니다. 저는 그 누구도 정죄하려는 것이 아니며 또한 모든 것이 장밋빛으로 물든 완벽한 세상에서 살아야 한다는 말도 아닙니다. 다만 하나님께서는 어느 누구도 실패자로 만들지 않으셨다는 말씀을 드리는 것입니다. 실패를 경험하셨습니까? 하나님은 당신이 실패하길 원치 않으십니다. 하나님은 당신을 사랑하십니다. 하나님은 당신이 승리하길 원하십니다. 그분은 당신을 승리자로 창조하셨습니다. 당신은 승리자입니다!

당신은 할 수 있습니다

하나님께서 제가 그분을 제한한다고 말씀하신 직후, 저는 우리 단체 직원들을 전부 다 불러 모아 놓고 이렇게 말했습니다. "내 안의 자아상을 변화시키기까지 시간이 얼마나 걸릴지는 모르겠지만, 내가 그동안 하나님을 제한하고 있었다는 것을 알게 되었습니다. 그동안 하나님께서 원하시는 것을 실행하고 있는 내 모습을 상상하지 못했습니다." 그리고 몇몇 분들에게는 하나님께서 제게 하신 말씀을 전달했습니다. 그러나 저 역시 그것을 내 안에서 분명하게 볼 수는 없었습니다.

"내 안의 자아상을 바꾸는 데 얼마나 걸릴지는 모르겠습니다. 일주일이 걸릴지, 한 달이 걸릴지, 아니면 일 년 또는 십 년이 걸릴지도 모릅니다. 그러나 나는 변할 것입니다. 하나님께서 부르신 그 일을 할 것입니다." 정말이지 그것이 얼마나 걸릴지 저도 몰랐습니다. 그런데 불과 일주일 만에 저의 삶이 송두리째 바뀌기 시작했습니다.

당시 저는 미국 내에서 두 번째로 큰 기독교 방송에 우리 프로그램을 올리려고 2년째 애쓰고 있었습니다. 그 프로그램에 게스트로 다섯 번이나 출연했었고 한번은 45분간이나 설교했습니다. 그 방송사 사장과도 친분이 있었습니다. 그러나 우리 프로그램을 정규방송으로 올리려고 할 때마다 그 방송국은 기존가의 두 배를 요구하곤 했습니다. 우리 프로그램을 여러 방송국에 배포하는 일을 맡은 회사에서도 최선을 다해 노력해 보았지만 마치 그 방송국에서 우리 프로그램을 원치 않는 것처럼 보일 정도였습니다. 그 방송국의 사장과도 호의적인 관계인데 왜 우리 프로그램을 그곳에 올리지 못하는지 저는 도무지 이해되지 않았었습니다.

하지만 우리 단체 직원들에게 내 안의 자아상을 바꾸겠다고 선언한 뒤 이틀 만에 그 방송국 사장으로부터 연락이 와서, 왜 자기 방송에 우리 프로그램이 없는 것이냐고 물었습니다. 그리고 뭐가 문제였는지는 모르겠지만 바로 다음 월요일부터 우리 프로그램을 방영할 수 있도록 하겠으니 거기 들어가는 비용에 대해서는 나중에 얘기하자고 했습니다. 그리고 바로 그 다음 주, 우리 프로그램은 그 방송국에서 방영되기 시작했고 우리의 TV 사역은 엄청나게 상승하게 되었습니다.

한 가지 간증을 더 말씀드리자면, 그 시기에 아내와 저는 우리 사역을 도와줄 사람을 위해 기도하고 있었습니다. 당시 아내가 우리 단체의 행정 일을 도맡아 했었는데, 너무 잘했지만 아내의 적성은 아니었습니다. 우리 단체는 우리의 능력 이상으로 성장하고 있었기 때문에 도움이 절실했습니다.

그러나 저와 같은 마음으로 자료를 모두 무료로 나눠주길 원하는 사람을 어디서 구한단 말입니까? 당시 우리는 수천 수백만의 테이프, 책, CD, DVD 등을 무료로 나눠주고 있었습니다. 그때까지 우리 행정을 맡았던 사람들은 우리가 재정 문제로 힘들어하는 모습을 보면서 자료를 무료로 나눠주는 제가 미쳤다고 했었습니다. 그들은 하나같이 이렇게 말했습니다. "왜 그냥 나눠 주십니까? 돈을 받고 파세요." 그래서 저와 한마음이었던 제 아내가 행정을 맡았던 것입니다. 왜냐하면 우리 둘은 하나님께서 그것을 원하신다는 것에 마음을 합했기 때문입니다.

그런데 제가 우리 단체 직원들에게 저의 결정에 대해 선언하고 나서 며칠 뒤, 우리 단체 이사 한 분에게 취소된 미팅에 대해 알려주려고 전화를 걸었습니다. 그는 제가 전화해서 너무 기쁘다며 자신의 아내와 상의해서 결정하기를 우리 단체가 다음 단계로 성장하도록 돕기 위해 조기 은퇴를 하고 콜로라도로 이사하기로 했다는 것이었습니다. 결론만 말씀드리자면 이분은 결국 콜로라도로 와서 우리 단체를 위해 일하게 되었습니다. 우리와 한마음이면서도 뛰어난 경험과 전문지식이 있는 그런 사람이 우리 단체를 위해 일하려 한다는 것은 정말 믿을 수 없을 만큼 기쁜 소식이었습니다. 우리 단체는 약소했고 재정

상황은 형편없었지만, 그는 그런 우리를 위해 조기 은퇴를 하고 이 사역을 위해 일하러 왔던 것입니다.

제 마음에 하나님을 제한하지 않기로 결정했을 때, TV 사역은 세 배로 뛰었고 하나님께서는 뛰어난 사람들을 불러 모아 우리 단체에서 일하게 하셨습니다. 제가 후원자들에게 보내는 기도 편지는 프린트 및 전 과정이 두 달 정도 걸립니다. 그리고 기도 편지에 대한 반응으로 후원자들이 보내온 후원금이 정산되기까지는 보통 한 달이 걸립니다. 고로 이러한 과정은 주로 총 석 달 가까이 걸립니다. 하지만 제가 하나님을 제한하지 않기로 결정한 이후, 그 내용을 편지로 보내기도 전에, 1~2주 만에 우리의 재정 상태는 폭발적으로 증가했습니다. 아무도 저의 결정을 몰랐는데도 말입니다! 후원자들은 저에게 반응한 것이 아닙니다. 하나님을 신뢰하기로 결정하면 영적인 영역에서 어떤 일이 일어납니다. 그렇기 때문에 하나님께서 당신의 삶에 계획을 가지고 계시다는 것을 믿고 하나님께 씌워 놓은 한계를 반드시 거두어야 합니다. 하나님께서는 당신이 지금 경험하는 것보다 더 놀라운 것을 당신의 삶 가운데 행하기 원하신다는 것을 믿으십시오.

제가 하나님께 씌워놓은 한계를 제거하고 그분이 부르신 일을 시작했을 때, 우리 단체 또한 급성장했습니다. 그 후 12년간 우리 단체로 걸려오는 전화는 1500% 증가했습니다. 현재 우리 홈페이지는 한 달에 백 십만 명 이상이 접속합니다. 대략 하루에 37,000명입니다. 2001년 30명이었던 직원이 현재는 300명이 넘었고(2017년 현재 대략 600명역자주) 온라인으로 들어오는 주문은 약 5000% 증가했습니다. 바이블 칼리지와 해외지부의 수익을 제외한 우리 사역단체 순수익만 따져보면 2001년도 2백2십만 달러에서 2013년 현재 3천8백만 달러로 급증했습니다. 엄청난 성장이지요! 현재 6천5백만 달러 캠퍼스를 건축 중이며 3천2백만 달러짜리 공사인 첫 번째 건물은 2014년 1월에 빚 없이 완공되었습니다.

얼마나 놀라운 일입니까? 듣도 보도 못한 일입니다! 하나님께서는 모든 방향으로 우리를 성장시키고 계십니다. **게다가 이제 겨우 시작이라는 것입니다!**

이 모든 것이 제가 저의 협소한 생각으로 그분을 제한하고 있다는 것을 하나님께서 알려주셨을 때 시작되었습니다. 저의 생각을 바꾸고, 믿는 바를 바꿨을 때 하나님의 초자연적인 능력을 경험하게 되었습니다. 이 책을 읽으면서 저에게 일어난 동일한 기적을 원하면서도 이런 폭발적인 일들을 일으킨 불씨를 받아들이는 것을 망설이는 분이 계십니까? 하지만 씨를 심지 않고는 열매를 거둘 수 없는 법입니다.

당신도 하나님께 씌워놓은 한계를 벗길 수 있습니다! 그러면 하나님께서 당신의 영향력을 배가시키고 증가시키는 것을 당신의 삶 속에서 경험할 수 있습니다. 그리고 꼭 10년씩 걸리지 않아도 됩니다. 생각만 바르게 하면 1, 2주 만에 일어날 수도 있습니다. 결과가 나타날 때까지는 시간이 좀 더 걸릴 수도 있습니다. 하나님께서 저의 삶 가운데 시작하신 일 중에는 5년 뒤, 10년 뒤에 실현되었던 것들도 많이 있습니다. 하지만 일단 마음 속에서 변화를 결정하면 현실에서 결과를 보는 것은 시간문제입니다.

저는 아직 이 경주의 목적지에는 도달하지 않았지만, 출발은 했습니다. 지금 달리고 있습니다. 여러분들 중에는 아직 출발도 안 한 분들이 있습니다. 어떤 분은 경주 도중에 주저앉아 있습니다. 어떤 분들은 변화를 간절히 원하고는 있지만, 생각을 바꾸지 않습니다. 그러면 내년 이맘때도 똑같은 자리에서 동일한 기도 제목을 가지고 하나님께 기도하고 있을 것입니다. 하나님을 제한하는 것은 하나님이 아닙니다. 바로 당신입니다! 당신의 그 생각이 하나님을 제한합니다. 당신의 그 생각하는 방식을 바꿔야 합니다. 다른 사람들을 기준으로 생각하는 일도 그만해야 합니다. 하나님의 말씀으로 돌아가서 비범한 일들을 행했던 사람들에 관해 읽어보고 하나님은 사람을 차별하지 않으신다고 선포하십시오. 그들을 위해서 이루신 그분이 당신을 위해서도 이루실 거라고 말입니다(행 10:34). 하나님의 말씀으로 변화되십시오. 성령의 음성을 들으시고 되고 싶은 자신의 모습과 하고 있어야 할 일들을 그려보십시오. 하나님께 씌어놓은 한계를 조금씩 벗겨내십시오!

02

세상의 염려

요즘은 세상의 염려, 재물의 유혹, 기타 욕심이 들어와 말씀을 막고 결실치 못하게 하기 쉬운 세상입니다. 이러한 방해 거리가 하나님을 제한하고 우리를 향한 그분의 계획을 알지 못하게 합니다.

씨(하나님의 말씀)가 땅(우리의 마음)에 심길 때, 백배까지 결실할 수 있는 잠재력이 있습니다. 열매를 얼마나 생산할 것인가를 결정하는 것은 씨가 아닙니다. 땅입니다. 우리 삶에 가시가 많아 세상의 염려, 재물의 유혹, 기타 욕심이 마음에 들어오도록 내버려 둔다면 그것들이 하나님 말씀의 기운을 막게 되며 그로 인해 우리는 하나님께서 우리 삶 가운데 행하실 일들을 제한하게 됩니다.

잠잠하라

하나님의 위대하심을 진정으로 알고자 한다면 잠잠해지는 법을 배워야 하고 어떤 것들은 우리 삶에서 끊어내야만 합니다. 그리고 하나님께서 우리에게 말씀하실 수 있도록 우리는 잠잠해야 합니다. 시편 46:10은 이렇게 말합니다. "너희는 가만히 있어 내가 하나님 됨을 알지어다" 한번은 아내와 제가 워싱턴 DC에 있었을 때 일입니다. 당시에 레이건 대통령이 서거하여 그의 장례식 행렬에 참여하게 되었습니다. 내셔널 몰의 자갈길을 걷고 있었는데 발걸음을 옮길 때 자갈 소리를 전혀 들을 수가 없었습니다. 주변에 말하는 사람도 없었고 떠드는 사람도 없었는데도 불구하고 걸을 때 자갈 소리가 나지 않았습니다.

다음날 셰넌도어 국립공원을 방문하여 아팔라치안 트레일의 자갈길을 걸었습니다. 그런데 우리가 발걸음을 옮길 때마다 자갈 소리가 너무나 커서 숲속의 메아리로 울려 퍼졌습니다. 여기서는 왜 발소리가 들리고 내셔널 몰에서는 들리지 않았는지 궁금했습니다. 그때 주께서 그 이유를 말씀해 주셨습니다. 워싱턴 DC를 둘러싼 소음들, 비행기, 자동차 등의 모든 소음이 그 원인이었습니다. 우리의 삶도 마찬가지입니다. 우리 삶이 너무 바쁘고 많은 일이 한꺼번에 돌아가고 있다면 하나님의 음성을 듣는 능력은 제한받게 될 것이고 그분이 우리에게 말씀하고자 하는 것들을 놓치게 될 것입니다.

> 여호와께서 이르시되 너는 나가서 여호와 앞에서 산에 서라 하시더니 여호와께서 지나가시는데 여호와 앞에 크고 강한 바람이 산을 가르고 바위를 부수나 바람 가운데에 여호와께서 계시지 아니하며 바람 후에 지진이 있으나 지진 가운데에도 여호와께서 계시지 아니하며 또 지진 후에 불이 있으나 불 가운데에도 여호와께서 계시지 아니하더니 불 후에 세미한 소리가 있는지라   왕상 19:11-12

엘리야는 바위까지 부수는 강한 지진과 불, 강한 바람을 겪었지만, 하나님은 그렇게 휘황찬란한 광경 속에 계시지 않았습니다. 하나님은 세미한 음성으로 말씀하셨습니다. 이것이 하나님의 첫 번째 의사소통 방법입니다. 하나님께서도 소리를 고래고래 지르며 휘황찬란한 일들을 벌이실 수 있지만, 하나님의 참 성품은 세미한 음성에 있습니다.

예수님께서도 "나는 마음이 온유하고 겸손하다. 너희 마음이 쉼을 얻을 것이다."고 하셨습니다(마 11:29). 예수님께서 이 땅에 오셨을 때, 점보 747을 타고 예루살렘에 착륙하실 수도 있었습니다. 그렇게 했다면 이목을 꽤나 끌었겠지요! 그러나 그분은 자신의 오심을 목자들에게만 알리셨습니다.

우리가 주님과 교통하는 방법의 99%는 휘황찬란하거나 드라마틱하지 않으며 오히려 세미하고 단순합니다. 그렇기 때문에 조심하지 않으면 세상의 염려와 재물의 유혹, 기타 욕심으로 인해 주님의 세미한 음성을 놓칠 수 있습니다. 시편 46:10은 이렇게 말합니다. "너희는 가만히 있어 내가 하나님 됨을 알지어다." 우리는 잠잠해야 합니다.

대부분 사람들의 생활방식은 하나님과의 관계에 도움이 되지 않습니다. 빡빡한 스케줄로 인해 쉴 틈이 없습니다. 시간이라도 날라치면 바로 TV 앞에 앉습니다. 그러니 우리의 생각이 하나님께 인도받을 시간이 없는 것이지요. 상황이 이렇다면, 하나님께서 우리 삶 가운데 하실 수 있는 일들이 제한받습니다.

몇 년 전, 꿈을 꿨는데 이 꿈속에서 시편 46:10이라고 쓰인 깃발을 보았습니다. 그런데 그 구절의 내용이 뭔지 도무지 알 수가 없었습니다. 전에 수백 번 인용했던 구절이었지만 그날따라 도대체 기억이 나지 않았습니다. 그래서 잠에서 깨자마자 바로 그 구절을 찾아보았습니다. "너희는 가만히 있어 내가 하나님 됨을 알지어다."

그 뜻을 아주 정확하게는 몰랐지만 "그냥 한번 움직이지 말고 잠잠히 있어 보자."고 생각했습니다. 그리고 한 시간 반 정도 현관 앞에 앉아 움직이지 않았습니다. 사슴이 와서 제 얼굴에 자기 얼굴을 가까이 갖다 댔습니다. (저자의 거주지인 콜로라도 주 '디바이드'는 주택가에서 사슴이나 들짐승들을 쉽게 볼 수 있다.역자주) 다람쥐도 와서 제 발 위에 앉았다가 다리를 타고 올랐습니다. 여기저기 수천 마리의 개미도 보였습니다. 새가 나는 소리, 바람이 부는 소리를 들을 수 있었습니다.

전에는 볼 수 없던 것들인데 나 자신을 잠잠하게 하고 나니 이런 일들이 계속 저의 주변에서 일어나고 있었다는 것을 알게 되었습니다. 전에는 너무나도 바빠서 놓치고 있던 것들이었습니다. 우리의 바쁜 생활로 인해 전혀 알아차리지 못하고 지나가는 것들입니다. 이처럼 영적인 영역에서도 하나님은 계속 우리에게 말씀하고 계십니다. 새들이 어떻게 수천수만 마일을 날아가서 같은 해, 같은 날, 정확하게 같은 장소에 도착하는지 궁금하게 생각해 보신 적 있습니까? 물고기는 또 어떻게 매년 같은 곳에서 알을 낳을 수 있을까요? 시편 19:1은 선포합니다. "하늘이 하나님의 영광을 선포하고 궁창이 그의 손으로 하신 일을 나타내는도다"

피조세계는 매일 우리에게 외칩니다. 태양은 매일 매일 뜨고

지며 하나님의 놀라우심을 증거합니다. 이렇듯 하나님은 계속해서 우리에게 말씀하시지만 우리가 너무 바빠서 그분의 음성을 듣지 못하는 것입니다. 하나님께서 우리 삶 가운데 이루기 원하시는 일들을 목 졸라버리는 것은 우리의 바쁜 생활방식입니다. 그러나 하나님 앞에 잠잠한 시간을 가져서 우리에게 말씀하실 수 있도록 해야 합니다. 그런데 많은 사람이 그렇게 하길 싫어합니다. 자신을 잠잠하게 할 때면 불편한 생각이 들기 때문입니다. "이게 다인가? 이렇게 사는 것이 맞나? 뭔가 더 있는 것은 아닌가? 나는 진정 하나님께서 부르신 그 일을 하고 있는가?" 사람들은 대부분 이런 질문들을 불편해하며 이 질문들에 답하기를 꺼려합니다. 그래서 그냥 피해버립니다. 그 결과 하나님의 음성을 듣지 못하는 것입니다.

우리는 너무 바쁘게 살고 있고 바쁘다는 말도 자주 합니다. 시간이 좀 나면, 또 다른 일을 만듭니다. 한 사람이 여러 가지 일을 하면서 자신이 팔방미인인 것을 자랑스럽게 생각합니다. 하지만 바쁘다고 자랑할 것이 아니라 하나님의 음성을 듣는데 도움이 되는 상황을 만들어야 합니다.

예수님께서 제자들에게 따로 한적한 곳에 가서 쉬라고 하셨습니다(막 6:31). 그리고 예수님께서도 쉼을 가지려고 빈들로 가셨지만 무리가 호수를 따라 쫓아오는 바람에 쉬지 못하셨습니다. 그래서 밤새 기도하신 것입니다(마 14장). 예수님은 하나님 아버지와의 교제를 통해 영적 배터리를 충전하셨습니다. 예수님께서는 잠을 자는 것보다 아버지와의 교제가 더 중요했던 것입니다. 예수님께서도 따로 쉴 시간이 필요하셨고 제자들에게도 쉬라고 말씀하셨다면 우리도 그 본을 따라야 하지 않겠습니까?

당신의 선택입니다

> 여호와여 내가 알거니와 사람의 길이 자신에게 있지 아니하니 걸음을 지도함이 걷는 자에게 있지 아니하니이다   렘 10:23

하나님께서는 우리 자신의 삶을 다스릴 권세를 우리에게 주셨습니다. 그렇기 때문에 자신의 삶을 스스로 다스려도 되긴 합니다. 하지만 그것은 잘못된 선택입니다. 하나님을 의지하여 그분의 인도하심을 바라볼 때에만 우리가 가진 잠재력의 최상까지 도달할 수 있기 때문입니다. 하나님께서 우리를 창조하셨을 때, 그분의 뜻은 우리가 스스로의 삶을 다스리는 것이 아니었습니다. 사람의 길은 그 사람에게 있지 않기 때문입니다.

우리는 하나님과 함께하는 시간, 그분의 말씀과 함께하는 시간을 가져야 하며 우리의 인생을 향하신 그분의 계획을 따라야 합니다.

신명기의 말씀을 함께 봅시다.

> 내가 오늘 하늘과 땅을 불러 너희에게 증거를 삼노라 내가 생명과 사망과 복과 저주를 네 앞에 두었은즉 너와 네 자손이 살기 위하여 생명을 택하고 　　　　　　신 30:19

하나님께서는 우리에게 선택권을 주셨지만, 그 선택권으로 무엇을 선택할지도 알려주셨습니다. 옳은 선택은 생명, 즉 하나님을 택하는 것입니다. 우리는 하나님께 반응해야 합니다. 그러나 세상의 염려와 그 외 다른 것들이 우리 안에 있는 말씀의 기운을 막으면 그렇게 할 수가 없습니다. 하나님께 반응하려면 시간과 노력이 필요합니다. 사람들은 종종 "양보다 질이죠."라고 하지만 주님과의 관계에는 양적으로도 많은 시간이 필요합니다. 우리의 생각을 하나님께 고정해야 합니다. 모든 사람이 직장을 그만두고 사역자가 되어야 한다는 말이 아닙니다. 무슨 일을 하든지 주님께 우리의 생각을 고정할 수 있다는 말입니다.

저도 처음부터 사역자는 아니었습니다. 월남전에 징병되었을 때는 주변에 오직 불경건한 것들뿐이었습니다. 하지만 그런 상황에서도 생각을 주님께 고정했고 끔찍한 환경 속에서도 그분을 최고의 자리에 모셨습니다. 직업도 가져보았습니다. 시멘트를 붓는 일을 했었는데 그 일을 하면서도 생각을 주님께 고정할 수 있었습니다. 당신도 할 수 있습니다!

우리가 말씀을 묵상할 때 사용하는 기관은 걱정할 때 사용하는 기관과 동일합니다. 걱정은 부정적인 묵상이라고 할 수 있습니다. 직장에 가서 일하면서도 가족 걱정, 돈 걱정, 건강 걱정해 본 적 없습니까? 일하는 동시에 걱정할 수 있었듯이 일을 하면서도 주님께 생각을 집중할 수 있습니다.

> 우리의 싸우는 무기는 육신에 속한 것이 아니요 오직 어떤 견고한 진도 무너뜨리는 하나님의 능력이라 모든 이론을 무너뜨리며 하나님 아는 것을 대적하여 높아진 것을 다 무너뜨리고 모든 생각을 사로잡아 그리스도에게 복종하게 하니
>
> 고후 10:4-5

우리는 모든 생각을 사로잡아 그리스도께 복종시킬 수 있는 능력이 있습니다. 우리의 생각을 주님께 집중시킬 수 있습니다.

이사야 26:3은 말합니다. "주께서는 생각을 주께 고정시킨 자를 완전한 평강으로 지키시리니 이는 그가 주를 신뢰하기 때문이니이다."(킹제임스 흠정역) 완전한 평강 안에 있지 못하다면 우리의 생각이 주님께 고정되지 않았다는 뜻입니다. 하나님의 말씀에 귀를 기울이지 않고 세상이 듣고 있는 것과 똑같은 쓰레기에 귀를 기울이고 있기 때문입니다.

우리가 하나님께 씌워 놓은 한계를 벗겨내려면 우리 마음을 향해 밀려오는 세상의 불경건함과 모든 쓰레기를 없애버려야 합니다. 또한, 자신을 잠잠하게 하여 조용한 시간을 가지고 하나님께 귀 기울이며 다음과 같은 어려운 질문들을 직면해야 합니다. '이것이 인생의 전부인가? 이것이 하나님께서 내게 원하시는 전부인가? 뭔가 더 있지는 않은가? 이 직업이 내가 할 일이 맞는가? 이것은 하나님이 인도하신 일인가?' 이러한 생각들을 깊이 하면서 잠잠히 하나님께서 하시는 말씀을 듣지 않는다면 우리는 계속해서 하나님을 제한하게 될 것입니다. 그렇게 되면 빚 갚느라 바쁘게 돌아다니면서 시간을 다 허비하는 사람들처럼 인생을 다 낭비하게 될 것입니다. 그 사람들이 하는 대로 한다면 그 사람들이 얻는 결과를 얻게 되지 않겠습니까? 우리는 잠잠해져야 합니다.

거기 있느냐?

> 그 때에 다메섹에 아나니아라 하는 제자가 있더니 주께서 환상 중에 불러 이르시되 아나니아야 하시거늘 대답하되 주여 내가 여기 있나이다 하니   행 9:10

이 구절에 밑줄을 그은 사람은 별로 없겠지만 주님은 이 구절로 저를 일깨워 저의 삶을 변화시켜 주셨습니다. 벌써 40년도 더 된 얘기입니다. 이 구절을 묵상하고 있는데 이렇게 말씀하셨습니다. "앤드류, 나는 수없이 너의 이름을 불렀었는데 그때 너는 거기 있었느냐? 그때마다 너는 다른 일을 하고 있었다."

하나님께서 아나니아를 부르셨을 때, 만약에 그가 세상의 염려와 재물의 유혹, 기타 욕심으로 인해 말씀의 기운이 막혔고, 결과적으로 하나님께 귀를 기울이지 못했다면 어떻게 됐을까요? 그랬다면 하나님께서는 다른 사람을 불러 사울에게 보내셔야 했을 것입니다. 꼭 그랬으리라고 확신할 수는 없지만 확실한 것은 오늘날 우리는 아나니아의 이름을 들어보지 못했을 거란 사실입니다. 당신의 실수를 막아주시기 위해, 당신의 삶을 바꿔주시기 위해, 당신의 삶 가운데 놀라운 일을 이루시기 위해, 하나님께서는 여러 번 말씀하길 원하셨지만, 너무 바쁜 나머지 또는 막장 드라마를 보느라고 '내가 여기 있나이다' 가 안 됐던 적이 얼마나 많았겠습니까?

미국인들의 생활방식은 하나님을 알아가는 데에 도움이 되지 않습니다. 하나님을 제한하지 않으려면 그분과 함께 시간을 보내야만 합니다. 우리의 생각을 새롭게 해야 합니다. 하나님의 말씀은 너무나도 중요하기 때문입니다. 하나님의 말씀이 우리로 하여금 하나님적인 것들에 집중하게 해 줄 것입니다. 하나님께 씌워 놓은 한계를 벗기고 우리 삶 가운데 그분의 최선을 경험하려면 세상으로부터 우리를 분리하여 하나님께 우리의 생각을 고정하고, 작고 세미한 음성으로 우리에게 말씀하실 기회를 드려야 합니다.

저는 의도적으로 시간을 떼어서 주님에 대해 생각하는 시간을 보냅니다. 저희 집 주변에 제가 직접 만든 산책길을 걸으며 시간을 보냅니다. 그냥 밖에 앉아서 주변을 쳐다보며 생각하는 시간을 갖기도 합니다. 이런 일들은 매우 중요합니다. 우리의 삶이 너무나도 바빠졌기 때문이지요. 그런 바쁜 일상이 우리의 삶 가운데 하나님께서 하실 수 있는 일들을 제한합니다. 다른 사람들에게 영향력 있는 사람이 되려면 먼저 하나님께서 나에게 영향력 있는 분이어야 합니다. 하나님께서 우리에게 말씀하실 수 있는 시간을 드려야 합니다. 우리에게 없는 것을 누구에게 줄 수 있단 말입니까? 우리는 대부분 하나님의 음성을 활발하게 듣지 못합니다. 너무나 바쁜 나머지 하나님께 귀 기울이고 그분께 시간을 내어 드리지 않기 때문입니다.

하나님께서는 미련한 것들을 택하셨습니다

우리는 하나님을 더욱 알기 원해야 합니다. 하나님께서는 저에게 말씀하려고 하셨지만 제가 너무 바쁜 나머지 하나님의 말씀을 듣지 못해 기회를 놓친 적이 얼마나 많았는지는 말할 필요도 없습니다. 그럼에도 불구하고 제가 귀 기울인 적도 있었기에 들을 수 있었던 하나님의 음성도 아주 많습니다. 재능이 뛰어난 사람들은 자신의 재능만을 의지하기 때문에 하나님이 필요하지 않다고 느끼기도 합니다. 자신에게 열정과 재능이 있으니 혼자 충분히 해낼 수도 있다고 생각하는 것이지요. 하지만 저는 그런 당신이 불쌍합니다. 재능이 별로 없는 것은 축복입니다. 왜냐하면 그럴 때 하나님을 의지할 수밖에 없기 때문입니다.

> 그러나 하나님께서 세상의 미련한 것들을 택하사 지혜 있는 자들을 부끄럽게 하려 하시고 세상의 약한 것들을 택하사 강한 것들을 부끄럽게 하려 하시며 　　고전 1:27

하나님께서는 힘 있고, 돈 있고, 능력 있는 자들을 택하지 않으셨습니다. 멸시를 받는 세상의 약한 자들을 택하셨습니다. 하나님께서 돈 많고, 많이 배우고, 재능 있고, 능력 있는 자들을 대적하셔서가 아니라 다 가진 사람들은 스스로 모든 일을 할 수 있다고 생각하여 하나님을 의지하지 않기 때문입니다. 실제로 변화를 일으키는 사람들을 가만히 보면 가진 것이 별로 없기 때문에 하나님만을 의지하며 바라보는 사람들입니다. 그러니 하나님께서 그들에게 말씀하실 수 있는 것입니다. 하나님께서는 능력 있고 재능 있는 자들에게도 말씀하시지만 대부분 그런 사람들은 하나님만을 의지하지는 않기 때문에 하나님의 음성을 듣지 않습니다.

사람의 길이 그 자신에게 있지 않기에 나에게 하나님이 필요하다는 것을 아는 것은 큰 자산입니다. 먹는 일이나 여러 다른 일들에 방해받지 않고 며칠에서 몇 주, 금식하며 기도하는 시간을 가지면서 하나님께만 집중해 보십시오. 그리고 이렇게 질문해 보십시오. "제 삶에 가지신 당신의 계획은 이것이 전부입니까?

제가 있어야 할 곳에 있는 건가요? 제가 코스에서 벗어난 것은 아닙니까?" 그리고서 하나님께서 나에게 말씀하실 수 있는 온전한 자유를 드리고 잠잠히 있으면 엄청난 변화를 받을 것입니다. 하지만 보통 하나님께 그 정도의 시간이나 잠잠함을 드려 그분의 음성을 듣는 사람은 별로 없습니다. 그러나 우리는 규칙적으로 이렇게 해야 합니다.

잠언 4:26은 이렇게 말합니다. "네 발의 행로를 곰곰이 생각하며 네 모든 길을 굳게 세우라"(킹제임스 흠정역) 자신이 걷고 있는 행로에 관하여 생각해 봐야 합니다. 곰곰이 생각해 봐야 합니다. 그것에 관해 묵상하며 잠잠해야 합니다. 그렇게 할 때 그 길이 굳게 세워집니다.

저는 하나님께서 제 삶 가운데 이미 이루신 일을 묵상하며 생각하는 시간을 아주 많이 보냅니다. 그동안 지나온 길을 기억하고 그동안 하나님께서 하신 말씀들을 생각하며 아주 많은 시간을 보냅니다. 하나님께서는 저를 위해 너무나 많은 것을 행하셨습니다. 하나님께서 저의 삶을 얼마나 변화시키셨는지 그리고 저를 얼마나 사랑하시는지 지속적으로 묵상합니다.

하나님께 씌워놓은 한계를 벗기고 당신의 삶에서 하나님의 뜻이 역사하는 것을 경험하려면 온 맘을 다해 하나님을 추구하기로 결정해야 합니다. 잠잠하여 하나님께서 말씀하시도록

해야 합니다. 하나님 앞에 조용히 하여 그분의 말씀을 들어야
합니다. 어떤 분들은 이런 방법보단 좀 더 심오한 것을 원하시겠
지만 이렇게 하지 않는다면 더 심오한 다음 단계로 나갈 이유가
전혀 없습니다.

내 양은 내 음성을 듣노라

우리는 주님께 집중해야 합니다. 그분과 시간을 보내야 합니다. 그렇게 하지 않으면 하나님께서 우리 삶 가운데 하실 일들을 제한하게 됩니다. 하나님은 우리를 밀어붙여 억지로 움직이게 하지 않으십니다. 우리를 가까이 이끄셔서 작고 세미한 음성으로 말씀하실 것입니다. 그러나 항상 주변에 소음만이 가득하다면 그분의 음성을 듣지 못할 것입니다. 그리고는 왜 나에겐 말씀하지 않느냐며 의아해하는 사람들이 많습니다.

요한복음 10:27에서 예수님께서는 "내 양은 내 음성을 듣는다."라고 말씀하셨습니다. "내 양은 내 음성을 들을 수 있다."가 아닙니다. "내 양은 내 음성을 듣는다."입니다. 하나님께서는 매일, 매 순간 우리에게 말씀하고 계십니다. 우리가 선택해야 할 갈림길에 서면 하나님께서는 항상 방향을 제시해 주십니다.

그러나 우리가 그분의 음성을 듣지 못하고 있다면 그것은 그분이 말씀하지 않으셔서가 아니라 우리의 듣는 귀가 어두워서 그렇습니다. 다른 것들로 그분의 음성을 막아 버려서 그렇습니다. 하나님을 제한하지 않으려면 우리의 생활방식을 바꿔서 하나님께 집중해야 합니다. 모든 것을 알아야 시작할 수 있는 것은 아닙니다. 하나님께서 당신에게 말씀하고 계시다는 것만 알면 됩니다.

03

실패에 대한 두려움

사람들이 새로운 모험을 두려워하는 이유는 거기에는 실패할 가능성도 있기 때문입니다. 우리는 불편함을 두려워합니다. 경험을 통해 성장하는 것도 싫어합니다. 하지만 만일 당신이 항상 벼랑 끝에 서 있지 않다면 너무 많은 자리를 혼자서 차지하고 있다고 할 수 있겠습니다. 그럴 때, 하나님을 제한하지 않을 방법이 없습니다. 벼랑 끝에 서는 것은 정말 신나는 일입니다. 제 아내는 아버지 어머니가 매일 아침 일어나 직장에 갔다가 돌아와서 TV를 보다가 잠자리에 들고, 다음 날 다시 일어나서 그 모든 일을 똑같이 반복하는 것을 보면서 자랐습니다. 그래서 자신은 따분한 삶을 살지 않게 해 달라고 기도했다고 합니다. 그것에 대해서라면 제 아내는 확실한 기도 응답을 받았답니다. 아내와 저는 도무지 따분할 수가 없는 삶을 살고 있거든요!

그냥저냥 살아가는 삶에 만족하지 마십시오. 인생은 그 이상입니다. 목적이 있어야 합니다. 나를 끌고 가는 그 어떤 것이 있어야 합니다. 하나님께 큰 것을 기대해야 합니다. '위험부담이 있는 일을 하다가 죽으면 어떻게 해요.'라고 생각하실 수도 있습니다. 그러나 그냥 죽는 것과 비참하고 우울하게 살면서 서서히 죽어가는 것과 뭐가 다릅니까? 위험을 감수하고서라도 도전해야 합니다!

우리는 본능적으로 우리가 모르는 새로운 것에 대한 두려움이 있습니다. 하지만 말씀은 이렇게 말합니다.

> 사랑 안에 두려움이 없고 온전한 사랑이 두려움을 내쫓나니
> 요일 4:18

당신이 참으로 하나님과 역동적인 관계를 맺고 있다면 미지의 것을 두려워할 필요가 없습니다. 미래가 어떻게 될지는 몰라도 그 미래를 쥐고 있는 분을 알고 있지 않습니까? 하나님께서는 당신을 해치는 일은 절대 하지 않으십니다. 당신을 축복하실 일만 하실 것입니다.

처음부터 다시 시작하는 것도 두려워할 필요가 없습니다. 어떤 사람들은 말합니다. '바이블 칼리지에 가면 하나님께서 나를 아프리카로 보내시는 것은 아닌가?' 그러면서 하나님께서 아직 시키지도 않으신 일을 두려워합니다. 그러나 정말 하나님께서 아프리카로 부르신 사람이라면 반드시 아프리카를 사랑하게 됩니다. 그곳에서의 삶에 너무나 만족하게 될 것입니다!

어떤 사람들은 뭔가를 시도하는 것 자체가 두려워서 아무것도 하지 않기 때문에 결국 실패한 삶을 살고 있습니다. 너무 몸을 사리는 것이지요. 열왕기하 7장에 이에 대한 좋은 예가 나옵니다.

성문 어귀에 나병환자 네 사람이 있더니 그 친구에게 서로 말하되 우리가 어찌하여 여기 앉아서 죽기를 기다리랴 만일 우리가 성읍으로 가자고 말한다면 성읍에는 굶주림이 있으니 우리가 거기서 죽을 것이요 만일 우리가 여기서 머무르면 역시 우리가 죽을 것이라 그런즉 우리가 가서 아람 군대에게 항복하자 그들이 우리를 살려 두면 살 것이요 우리를 죽이면 죽을 것이라 하고 아람 진으로 가려 하여 해 질 무렵에 일어나 아람 진영 끝에 이르러서 본즉 그 곳에 한 사람도 없으니 이는 주께서 아람 군대로 병거 소리와 말 소리와 큰 군대의 소리를 듣게 하셨으므로 아람 사람이 서로 말하기를 이스라엘 왕이 우리를 치려 하여 헷 사람의 왕들과 애굽 왕들에게 값을 주고 그들을 우리에게 오게 하였다 하고 해질 무렵에 일어나서 도망하되 그 장막과 말과 나귀를 버리고 진영을 그대로 두고 목숨을 위하여 도망하였음이라 그 나병환자들이 진영 끝에 이르자 한 장막에 들어가서 먹고 마시고 거기서 은과 금과 의복을 가지고 가서 감추고 다시 와서 다른 장막에 들어가 거기서도 가지고 가서 감추니라 나병환자들이 그 친구에게 서로 말하되 우리가 이렇게 해서는 아니되겠도다 오늘은 아름다운 소식이 있는 날이거늘 우리가 침묵하고 있도다 만일 밝은 아침까지 기다리면 벌이 우리에게 미칠지니 이제 떠나 왕궁에 가서 알리자 하고   왕하 7:3-9

아람군대가 하나님의 백성들을 둘러쌌고 기근이 심하다 못해 동물의 배설물까지 비싼 값에 팔렸습니다. 게다가 두 여자가 자기들의 갓난아이 하나를 죽여서 먹었습니다. 다음날 나머지 아기도 먹으려고 했습니다. 이렇듯 극심한 기근이었습니다. 여기서 성경 말씀은 네 명의 문둥병자가 서로에게 했던 말을 전하고 있습니다. "왜 여기 앉아서 죽기를 기다리겠느냐?" 이 말은 성경에서 가장 놀라운 말 중의 하나일 것입니다. 도성 안에서는 사람들이 자기 아이와 동물의 배설물까지 먹는 상황이었습니다.

그렇다면 도성 밖에서 떠도는 사람들의 상황은 어땠는지 상상이 됩니까?

두려워서 아무것도 하지 못할 사람들이 있다면 바로 이 네 명의 문둥병자들일 것입니다. 도성 안으로 들어가더라도 기근 때문에 굶어 죽을 것이요 도성 밖에 머물러도 굶어 죽을 것입니다. 그래서 위험을 감수하고 적군의 기지로 들어가려고 합니다. 최악의 경우 죽을 수도 있다는 것을 알고도 말입니다. 저는 그 논리가 너무도 좋습니다! 이 네 명의 문둥병자들은 곤경에 처해 있었지만 "왜 여기 앉아 죽기를 기다리겠나?"라는 결론을 내렸습니다.

감정을 동반하지 않고 이성적인 측면에서 바라본다면 그것이 가장 지혜로운 결론이라고 할 수 있습니다. 그들이 살아남을 유일한 기회였으니까요. 이 문둥병자들은 위험을 감수하고 적진으로 가야 했습니다. 논리에 맞는 유일한 선택이었기 때문입니다.

문둥병자들이 그곳에 이르렀을 때, 주님께서는 아람군대로 하여금 군대가 쳐들어오는 듯한 소리를 듣게 하셨습니다. 아람 군대는 이스라엘 사람들이 애굽 군대를 대동하고 싸우러 오는 줄 알았고 황급히 짐을 싸 들고 도망쳤습니다. 맛있는 음식들은 보글보글 끓는 중이었고 금과 은, 옷가지와 동물들, 이 모든 것을 전부 다 두고 도망가 버렸습니다!

문둥병자들이 아람군대 적진에 도착했을 때는 아무도 없었기 때문에 그들은 그곳으로 들어갔고 따뜻한 음식도 먹었습니다. 금과 은도 발견했습니다. 가난과 굶주림에 고통받던 자들이 최고 제일의 부자로 변한 순간이었습니다. 가진 것이 너무 많아 감당 못 할 정도였습니다. 결국 그들은 이렇게 말하기에 이릅니다. "우리가 하는 일은 선하지 못하다. 사마리아로 돌아가서 이 사실을 알려야 한다." 그렇게 돌아간 그들은 영웅이 됩니다. 전부 죽기를 각오하고 위험을 감수했기 때문입니다!

제가 침례교단(미국의 주요 교단역자주)에 속해 있었을 때, "그분이 인도하시는 곳에 어디든 가리"라는 찬양을 부르곤 했었습니다. 그러면 때마침 교회를 방문하신 선교사님이 단상에 나오셔서 주님께 완전히 헌신하라고 하곤 했는데 당시 헌신이란 대부분 아프리카에 선교사로 가서 움막 같은 곳에 사는 것을 뜻했습니다. 누군가 하나님께 완전히 헌신하면 하나님께서는 그런 사람들에게 끔찍한 일을 시킬 것으로 생각했기 때문입니다. 그러나 그것은 하나님께서 일하시는 방법이 아닙니다. 누군가는 아프리카에도 가야겠지요. 그러나 정말 하나님께서 보내시는 것이라면 그 마음에 먼저 소원함을 주실 것이며 그 소원함을 가진 사람이라면 아프리카를 사랑하게 될 것입니다!

엄청난 성공

실패에 대한 두려움은 큰 문제입니다. 실패를 두려워하면 하나님께서 명하신 일을 시도조차 하지 않을 테니까요. 두려운 마음에 위험을 감수하지 않으려고 할 것입니다. 그러나 하나님께서는 우리를 향한 좋은 계획을 가지고 계십니다(렘 29:11). 실패할 것 같아서 시도조차 하지 않는 것이 하나님을 제한하는 것입니다. 실수할까 봐 몸을 사리는 것이 가장 큰 실패라고 저는 믿습니다. 실수는 누구나 합니다. 그런 일이 일어날 것입니다. 하지만 우리가 실수했다고 해서 하나님께서 깜짝 놀라 보좌에서 떨어지시는 일은 없습니다.

지금 우리가 쓰고 있는 이 건물로 들어올 때 그것은 4백 평에서 3천 평으로의 성장이었습니다. 우리에겐 정말 큰 변화였습니다. 게다가 은행 빚 없이 완공했습니다. 정말 엄청난 일이었죠! 이 건물을 건축하고 있을 때, 9월 새 학기에 맞춰 건물을 사용하기 위해 8월까지는 완공하길 원했습니다. 하지만 11월이 돼서야 건축을 마무리할 수 있었습니다.

완공을 하고 헌당예배를 드리는데 학생 한 명이 저에게 오더니 8월에 건축을 마무리하지 못해 실망했냐고 물었습니다. "아니, 전혀 실망하지 않았네. 여기 들어온 것만으로도 너무나

감격스러운걸. 14개월 동안이나 원래 필요한 후원금 외에 3백 2십만 달러(한화 약 36억)를 더 모금할 수 있었다면 엄청난 성공이 아닌가!"

8월을 겨냥했지만 3개월 늦어진 것은 별일 아닙니다. 평생 완벽하게 한 것이 하나도 없는 저에게는 그 정도야 괜찮았습니다. 별을 쏘려고 했지만 빗나가서 달을 맞췄다 해도, 쏴보지도 않은 사람들보단 낫지 않겠습니까?

완벽하게 해내지 못할 것이라는 이유로 시도조차 두려워하고 있다면 아무것도 하지 못합니다. 시도해야 합니다! 하나님은 당신의 실수보다 크신 분이니까요.

실패의 두려움

하나님께서 제가 그분을 제한하고 있다고 말씀해 주시기 전에도 우리 사역은 많은 사람에게 좋은 영향력을 끼치고 있었습니다. 재정상황도 안정기에 들어섰었고 비교적 편안한 궤도에 올랐었습니다. 그래서인지 저는 더 도전하고 싶지 않았던 모양입니다. 실패할 수 있는 위험을 감수하고 싶지 않았던 것입니다. 하지만 실패에 대한 두려움은 그 어떤 것보다 당신을 실패하게 만듭니다. 하나님을 믿고 시도하는 것이 훨씬 더 좋은 선택입니다. 그러다가 실패하면 일어나 다시 시도할 수 있도록 하나님께서 일으켜 세우실 것이고 먼지를 털어주실 것입니다. 최악의 실패는 아무것도 하지 않는 것입니다.

당신은 지금 잘살고 있을 수도 있습니다. 장식장에는 트로피와 상장들이 즐비할 수도 있고요. 하지만 하나님께서 당신을 창조하신 이유가 되는 그 목적을 아직 발견하지 못했을 수도 있습니다. 자신의 힘과 능력으로 성공했을 수도 있습니다. 잃어버린 영혼들 중에서도 그런 식으로 성공한 사람들이 있습니다만 그들의 마음 깊이에는 만족함이 없습니다. 하나님의 부르심이 뭔지 알기에 그 일을 하는 사람들이 가진 기쁨을 그들은 누리지 못하고 있는 것입니다. 당신이 창조된 데에는 이유가 있습니다. 하나님께서는 우리 대부분이 경험하고 있는 것 보다 훨씬 더 많은 것들을 우리를 위해 계획해 놓으셨습니다. 그러니 우리는 실패에 대한 두려움을 벗어버려야 합니다.

삶이 변화되게 해 달라고 기도하면서 계속 똑같은 일을 반복하는 것은 정신 이상입니다. 똑같은 일을 반복한다면 당연히 똑같은 결과를 얻게 됩니다. 뭔가 다르게 해 보십시오. 잘못된 것일지라도 뭔가 새로운 일을 해 보십시오. 두렵다고 아무것도 하지 않고 있는 것보다 위험을 감수하고서라도 뭔가 새로운 일을 시도해 보는 편이 훨씬 낫습니다. 뭔가 다르게 해 보십시오! 했는데 잘 안됐다면, 적어도 '아, 이 방법은 안 되는구나.' 하고 한 가지는 배우지 않겠습니까? 겁먹지 마십시오. 최악의 실패는 몸을 너무 사리다가 아무런 시도도 하지 않고 끝나는 인생입니다.

시도해야 합니다! 세상은 하나님을 찾고 있습니다. 그런데 엉뚱한 데서 찾고 있습니다. 그 이유 중의 하나는 거듭난 사람들이 하나님께서 부르신 그 일의 충만함 안에서 살고 있지 않기 때문입니다. 우리의 삶이 간증이 되어야 합니다. 우리가 하나님의 불을 받으면 세상은 우리가 타오르는 것을 구경하러 올 것입니다.

그렇다면 어떻게 두려움을 없앨까요? 온전한 사랑이 두려움을 없앱니다(요한일서 4:18). 하나님께서 목적을 가지고 당신을 만드셨다는 것을 알아야 합니다. 하나님께서는 목적을 가지고 당신을 설계하셨습니다. 그런데 우리는 남들과 다른 존재가 되는 것을 너무나 두려워하기에 틀에서 벗어나길 싫어합니다. 우리가 죽어서 주님을 만났을 때 주님께 "왜 내가 하라고 말해준 그 일을 하지 않았느냐?"라는 책망을 듣는 것보다는 지금 그것을 직면하는 편이 훨씬 낫습니다.

당신은 이렇게 대답할 수도 있겠지요. "저기, 하나님, 제가 돈은 많이 벌었잖아요. 엄청 성공했거든요. 학부형회 회장도 했었고 시의원도 했고요. 한 일도 많아요."

그러면 하나님께서 이렇게 말씀하실 것입니다. "그러나 그것들은 내가 너에게 준 부르심이 아니었다. 왜 내가 하라고 부른 그 일을 하지 않았니? 나는 그 일을 하라고 너를 창조했는데 너는 하지 않았다. 나를 신뢰하지 않아서 말이다." 이런 말씀을 듣는다면 당신의 그 많은 상장과 업적들이 무슨 소용 있겠습니까?

실패의 두려움, 게으름, 변화에 대한 두려움 또는 다른 여러 가지 이유로 우리는 우리의 부르심을 진정으로 받아들이지 않았을 수도 있습니다. 그러나 주님 앞에 섰을 때, "자, 이것이 바로 너를 창조한 목적이었다."라고 주님이 말씀하시면 "네, 주님, 제 마음으로는 그것을 알고 있었습니다. 그게 바로 저의 꿈이었으니까요. 뭔가 더 있을 거라는 것을 저도 알고 있었습니다."라고 말하게 될 것입니다.

이 사역이 과연 살아남을지 걱정하지 않아도 되는 상황에 마침내 도달했었을 때 제가 그냥 그곳에 머물렀다 해도 하나님은 저를 계속적으로 사랑하셨을 것입니다. 하지만 언젠가 주님 앞에 섰을 때 하나님은 "나는 네가 한 일보다 더 많은 것을 위해 너를 불렀으나 네가 나를 제한하였다."라고 하실 것입니다.

하나님께서 그분을 제한하지 말라고 말씀하신 뒤, 우리는 사역을 공격적으로 늘려갔습니다. 저희 단체는 매번 막다른 골목에 서곤 했습니다. 하나님께서 역사하지 않으셨다면 - 하나님께서 시작하신 일이 아니었다면 - 큰 곤경에 빠질 상황이 많았습니다. 물론 저도 겁이 났지요. 4백 평짜리 빌딩에서 3천 평으로 옮기는 것은 조금 겁나는 일 아니겠습니까!

돌아보면 그 빌딩은 제값 이상을 했습니다. 우리 재정도 비례적으로 증가하여 사역을 작게 했을 때에 비해 예비비가 4~5배 정도로 늘었습니다. 하나님께서 가라고 하신 곳에 갔기 때문에 그렇게 된 것입니다. 게다가 지금의 축복은 훨씬 더 커졌습니다. 그리고 지금 하는 일들이 이전보다 훨씬 더 유익합니다. 당신에게도 마찬가지입니다. 하나님께서는 당신을 형통케 하길 원하십니다. 당신의 삶에 특별한 일을 행하기 원하십니다.

하나님의 뜻이 이 땅에서 가장 안전한 곳이다

사람들이 결혼생활이나 그 외 여러 영역에서 어려움을 겪는 이유 중 하나는 그들을 향한 하나님의 계획을 따라가지 않았기 때문입니다. 그래서 실망하고 낙심합니다. 하나님의 뜻 한가운데 있는 것보다 좋은 것은 없습니다.

911사태 이틀 뒤, 저희 후원자 한 분이 전화를 주셨습니다. 그분 딸이 의료계에서 일하는데 의료선교 차 아프가니스탄에 가려고 한다는 것이었습니다. 그 후원자는 저와 그 딸을 삼자통화로 연결해 놓고서 의료선교를 취소하도록 설득해 보라고 했습니다. 저는 그 딸에게 아프가니스탄에 가는 것이 하나님의 인도하심이라 생각하는지 물었습니다. 그분 딸이 대답했습니다. "의심의 여지없이 하나님께서 하라고 하신 일입니다."

그래서 그 아버지께 제가 말씀드렸습니다. "저기요, 따님은 꼭 가셔야겠네요."

"어떻게 그렇게 말할 수 있습니까? 제 딸은 위험에 빠질 수 있다고요."

"하나님의 뜻 가운데 있는 것이 세상에서 가장 안전한 곳입니다." 그 딸은 그날 오후 늦게 바로 아프가니스탄으로 떠났습니다. 모든 것이 다 잘 됐고 하나님께서는 그 딸을 크게 축복하셨습니다.

반면, 우리 바이블 칼리지에 제1회로 입학한 학생 중 한 명은 남편 때문에 선교여행을 가지 못했습니다. 아내가 비행기 타는 것을 두려워한다는 이유로 남편이 허락하지 않은 것입니다. 그 학생은 남편에게 순종하기 위해 마음의 소원을 거슬러 그냥 미국에 머물렀습니다. 우리가 선교여행 중이었을 때, 졸음운전을 하던 십 대가 중앙선을 넘어 그 학생이 몰던 차를 들이받았고 그로 인해 그녀는 즉사했습니다. 하나님께서 하라고 하신 일을 했었더라면 훨씬 더 안전했을 것입니다!

  하나님의 뜻을 행하지 않을 이유가 아무리 많다고 해도 그것은 이유가 될 수 없습니다. 하나님의 뜻 한가운데가 제일 안전하고, 제일 행복하고, 제일 유익한 곳입니다. 한번 생각해 보십시오. 우주를 다스리시고 수백만 명의 기도를 듣고 계신 전능하신 하나님께서 시간을 내어 당신에게 말씀하시며 마음에 소원을 주신다는 것 말입니다. 하나님께서 말씀하신 것을 할 것이냐 말 것이냐 따지는 것은 저로서는 도저히 이해할 수 없는 일입니다. 만약 하나님께서 뭘 원하시는지 제가 안다면 그 일을 하다가 죽는 한이 있어도 저는 할 것입니다. 하나님께서 저를 원하시는 바로 그곳 외에 그 어디에도 저는 있고 싶지 않습니다. 당신도 그래야만 합니다.

  만약 하나님께서 당신의 마음 가운데 소원함을 주셨고 그것이 무엇인지 안다면 그 일을 하십시오! 하나님께서 말씀하신 일을 전부 이행할 준비가 되지 않은 상태라면 최소한 그 방향 쪽으로 움직여야 합니다. 하나님이 원하시는 것이 무엇인지 확신이 안된다면 전속력이 아니더라도 좋습니다. 당신의 배를 그 방향으로 돌려서 조금씩 나가 보십시오. 배가 가만히 있다면

180도로 키를 돌린들 아무 데도 가지 않습니다. 일단 움직여야 합니다. 그 일을 시도하면서 이렇게 기도하십시오. "하나님, 100% 확신은 없지만, 이 길인 것 같습니다. 확신이 들 때까지는 이 방향으로 추진하면서 테스트를 해 보겠습니다."

일단 출발을 하면 하나님께서 방향을 인도해 주실 것입니다. 뭔가를 시작하십시오. 그것도 아니라면 당신의 삶을 향하신 하나님의 뜻을 발견하는 데에 자신을 헌신하십시오. 제가 쓴 책 중에 「하나님의 뜻을 발견하고 따라가며 성취하라」가 있습니다. 그 책이 당신의 삶을 향한 하나님의 뜻을 발견하는 데 놀라운 도구가 될 것입니다. 우리의 삶을 향한 하나님의 뜻은 어쩌다가, 저절로 이루어지지 않습니다. 하나님의 뜻을 성취하려면 의도적인 노력이 필요합니다.

하나님께서 하신 말씀도 알고, 당신의 삶을 향한 하나님의 뜻을 추구해야 한다는 것도 아는데 하나님의 뜻을 알면서도 무슨 이유에선지 그것을 실행하지 않고 있다면, 두려움이 당신을 마비시키도록 내버려 두고 있는 것입니다. 그렇다면 회개하고 하나님께서 당신의 마음에 주신 소원대로 해야 합니다. 그리고 하나님께서 당신에게 원하시는 그 일을 발견할 때까지 멈추지 않겠다고 결단해야 합니다.

주님의 참된 기쁨과 평안을 누리기 위해서는 하나님의 뜻을 능동적으로 추구해야 합니다. '이게 다가 아닌데' 하는 느낌은 우리가 궤도를 벗어날 때 하나님께서 우리 안에 넣어주시는 거룩한 불만족입니다. 아주 오래전에 제가 어느 집회에 참석하여 이것과 비슷한 초대에 응답했던 것이 기억납니다. 그때 루이지애나의 강변을 밤새 걸으며 기도했습니다. "하나님, 저의 삶을 향하신 당신의 뜻을 반드시 찾겠습니다. 저는 당신이 부르신 그 일을 할 것입니다." 하나님은 그 기도를 존중해 주셨고 그로 인해 저의 삶은 변화되었습니다. 그분은 당신에게도 동일하게 역사하실 것입니다!

우리는 그분 안에 있을 때 안전하다

한번은 우리 학교 분교를 시작하려는 분께 연락이 왔습니다. 그 학교를 시작하면서 저에게 묻고 싶은 질문을 4장에 걸쳐서 보내왔는데, 전부 다 좋은 질문들이었습니다. 그 질문들 중의 하나입니다. "지금까지 했던 사역을 처음부터 다시 할 수 있다면 어떤 점을 바꾸겠는가?" 그 질문을 보고 저도 생각을 해 보았는데, 저의 답이 뭔지 아십니까? '아마 그때와 똑같이 할 것이다.' 였습니다.

우리 학교는 시작된 이후로 엄청나게 많이 변했습니다. 그때보다는 지금이 훨씬 나아졌지만, 그 당시에도 저는 제가 가진 것을 다 쏟아부었습니다. 그때는 가진 자원도 별로 없었기 때문에 지금 하는 방법으로 할 수도 없었습니다. 인적자원도 없었고요. 처음 시작할 때는 여러모로 한계가 많았습니다.

제가 만약 "완벽한 학교를 만들어야지. 그동안 존재했던 학교들 중에 최고의 바이블 칼리지가 되게끔 말이야."라고 했다면 아마도 이 학교는 시작조차 하지 못했을 것입니다. 우리는 가진 것으로 시작해야 했고 실수도 많았습니다. 물론 그러면서 배운 것도 있습니다. 그러니 시작했을 때 보다는 지금이 훨씬 더 좋아진 것이겠지요.

완벽주의자들은 실수를 두려워한 나머지 아무 일도 하지 않습니다. 그것이 가장 큰 실수입니다. 어린아이가 자전거를 배우는 과정을 생각해 보십시오. 그 아이는 반드시 넘어집니다. 무릎도 다치겠지요. 하지만 이내 곧 다시 일어나서 또 탈 것입니다. 그러다 보면 어느새 자전거 타는 법을 배우게 됩니다.

사람들은 실수를 두려워합니다. 그 이유는 예수님 안에 있는 안전함을 모르기 때문입니다. 실수가 두려운 원인은 자신의 정체성과 자신의 가치가 자신이 하는 일에 달렸다고 믿기 때문입니다. 하지만 그래서는 안 됩니다. 우리의 안전과 정체성은 하나님과의 관계에서 찾아야 합니다. 제가 만일 사역에 실패하고 다시 시멘트 붓는 일로 돌아간다 해도 하나님께서는 여전히 저를 사랑하신다는 사실을 저는 압니다. 사역이 없어도 저는 그분과 놀라운 관계를 가질 수 있습니다. 저의 정체성은 이 사역에 있지 않습니다. 이 사역이 나의 정체성을 결정하지 못합니다. 사역은 제가 이 땅에 있는 동안 저에게 사용하라고 주신 도구일 뿐입니다.

전에 우리 단체 이사회에서 저에게 이렇게 통보한 적이 있습니다. "앤드류, 당신의 사역은 이제 끝입니다. 문을 닫으세요. 우리는 이제 철수합니다!" 우리가 재정적으로 더 이상 견딜 수 없는 지경에 이르렀기 때문에 이사회에서는 사역을 철수하려고 했었습니다. 그 얘길 듣고 잠시 생각해 보니 오히려 저는 기대감으로 가득했습니다. "정말 좋겠다! 사역 때문에 일어나는 일을 처리하지 않아도 된다면 나와 하나님과의 관계가 엄청나게 좋아지겠구나. 사역에 대한 책임감 없이 평신도로서 예수님과 사랑의 관계를 누리며 지낸다는 것은 멋진 일이 될 거 같아." 그것이 하나님의 계획이 아니라는 것은 알았지만 저는 이 사역을 떠나더라도 자족할 수 있었을 것입니다. 우리는 우리의 정체성을 주님 안에서 찾아야 하며 그분 안에서 안전함을 알아야 합니다.

배 밖으로 나가라

오랜 세월 동안 여러 가지를 위해 기도하면서 알게 된 것이 있습니다. 그 일들이 이루어지지 않더라도 제가 시도했다는 사실로 인해 하나님께서는 저를 기뻐하신다는 것입니다. 하나님께서는 저에게 이렇게 말씀하실 것입니다. "앤드류, 비록 실패했다 해도 시도했기에 네가 자랑스럽다." 그리고 제가 무엇을 놓쳤는지 보여주실 것입니다. 저는 하나님께서 우리를 그렇게 대해주신다고 생각합니다. 하나님께서 역사하지 않으시면 지금 캠퍼스를 짓는데 필요한 6천 5백만 달러(한화 대략 736억)를 모으기 위해 앞으로 제 밑으로 삼 대는 더 내려가야 할 것입니다! 그럼에도 불구하고 저는 하나님을 믿었고 그 믿음 위에 섰습니다!

위험부담이 함께 따라온다는 이유로 하나님께서 마음에 넣어주신 소원을 실행하지 않는 사람들이 많습니다. 그렇게 하는 것이 하나님을 제한하는 것입니다. 배 밖으로 나가는 것을 두려워해서 그렇습니다. 조금이라도 남다른 일은 두려움에 시도하지 않기 때문입니다. 혹시, 바이블 칼리지에 입학하기 위해 또는 하나님께서 말씀하신 것을 실행하기 위해 직장을 관두고 이사해야 한다든지 가족과 친구들을 떠나야 해서 두렵습니까?

제가 처음 사역을 시작했을 때는 요양원이나 교도소에서 설교하곤 했습니다. 그 외에는 어떤 곳에서도 저를 원하지 않았거든요! 그 경험은 저에게 정말 좋은 유익이 되었습니다. 요양원에 계셨던 할머니 한 분이 지금도 기억나는데 그분은 너무나도 격식 있는 분이었습니다. 젊었을 때는 굉장히 부자였다는 것을 누구나 알 수 있을 정도였습니다. 항상 그림처럼 완벽하게 꾸미고 계셨습니다. 머리카락 한 올도 흐트러짐이 없었고 입고 있는 옷도 고급이었습니다. 제가 그분을 방문할 때면 그분은 자신이 과거에 얼마나 대단한 사람이었으며 사람들이 얼마나 자기를 만나려고 했는지를 얘기하면서 내내 우셨습니다. 그때도 사람들이 찾아오긴 했지만 겨우 몇 달에 한 번 정도였습니다. 그냥 거기 앉아 죽는 날만 기다릴 뿐이었습니다. 저는 그분을 바라보면서 "하나님, 저는 이렇게 살고 싶지는 않습니다."하고 기도했습니다.

우리 모두 다 늙을 텐데 그때가 되면 그냥 앉아서 죽을 날만 기다리시겠습니까? 지금은 직장 일에 너무나 얽매인 나머지 나중에 퇴직하게 되면 그땐, 삶이 끝나버리고 마는 그런 상황입니까? 저는 그러고 싶지 않습니다. 당신도 그것을 원치 않으리라 생각합니다. 하지만 많은 사람들이 그런 상황입니다. 배 밖으로 나가는 것을 두려워하기 때문이지요. 하나님이 하라고 하신 그 일을 따라가는 것을 두려워하면서 쉬운 길로만 가고 있습니다.

　제가 만난 어떤 부부는 하나님께서 우리 바이블 스쿨에 가라고 하는 음성을 들었지만 은퇴까지 몇 년 안 남았기 때문에 연금을 포기할 수 없어서 자신의 직장을 떠나지 못하고 있었습니다. 저는 그분들에게 하나님께서는 그 연금보다 훨씬 더 많이 주실 수 있는 분이라고 말해주었습니다. 하나님께서 그분들에게 바이블 칼리지에 가라고 하셨을 때, 연금 받고 은퇴하기까지 몇 년 안 남았다는 것을 하나님께서도 아셨을 것 아닙니까? 그럼에도 불구하고 하나님께서는 그분들에게 당장 떠나라고 말씀하신 것입니다!

　그분들은 두려움 때문에 하나님을 제한했습니다. 하나님보다는 연금을 더 의지한 것이지요. 하나님을 연금만큼도 신뢰하지 못하는 그런 사람이 하나님께 필요할지 잘 모르겠습니다. 저는 연금과 같은 사회보장제도에서는 스무 살 때 일찌감치 탈퇴했고 앞으로 받을 연금도 한 푼 없습니다. 그런데 말입니다, 하나님께서는 그동안 저를 너무나도 잘 돌봐주셨습니다. 저와 아내가 소유한 것은 빚지고 산 것이 하나도 없습니다. 우리는 연금에 우리 자신을 제한하지 않아도 됩니다. 하나님은 그보다 크시지 않습니까! 그 배 밖으로 나와서 하나님을 신뢰해야 합니다.

"하나님, 당신이 역사하지 않으시면 우리는 완전히 산산조각 납니다!" 이 얼마나 흥미진진한 일인지요!

하나님을 섬기는 것은 신나는 일입니다

저는 모든 것이 잘 돌아가고, 도전되는 일이 없고, 하나님께서 제가 할 수 있는 것보다 더 큰 일을 요구하지 않으실 때는 따분함을 느끼게 되었습니다. 삶이 따분하다면 이렇게 기도해 보십시오. "하나님, 당신이 원하신다면 어디라도 가서 무슨 일이라도 하겠습니다." 장담컨대 하나님께서 흥미진진한 삶으로 인도하실 것입니다. "실패하면 어떡해요?"라고 생각하십니까? 네, 실패도 하겠지요. 하지만 잠언 24:16은 의인은 일곱 번 넘어져도 다시 일어난다고 말씀합니다. 위험부담이나 실패를 두려워할 필요가 없습니다. 하나님께 씌워 놓은 한계를 벗기고 믿음의 발걸음을 내디디십시오. 그리고 하나님께서 부르신 그 일을 하십시오!

주의 눈은 이리저리 온 땅을 두루 다니며 완전한 마음으로 자신에게 향하는 자들을 위하여 자신의 강하심을 보이시나니

대하 16:9(킹제임스 흠정역)

마음이 완전하다는 것은 죄가 전혀 없다는 뜻은 아닙니다. 여기서 하나님께서 말씀하시는 사람들은 그분께 자신을 완전히 드리고 이렇게 고백하는 자들입니다. "하나님, 무슨 일이라도 하겠습니다. 주님께서 하라는 말만 하고 가라는 곳에만 가겠습니다. 다만 말씀만 하옵소서. 할 수 있는 한 최선을 다해 당신을 따르겠습니다." 하나님께서는 전 세계를 샅샅이 살펴보시며 이런 사람들을 찾고 계십니다. 모든 것을 다 걸고 그분을 따르기 원하십니까? 그렇다면 당신의 반응은 이래야 합니다. "하나님, 더 찾으실 것도 없습니다. 제가 여기 있습니다."

완전한 헌신

D.L. 무디가 한번은 시카고에 있는 한 교회에 갔는데 그 교회 목사님이 이렇게 말씀하셨습니다. "세상은 아직 완전히 헌신된 한 사람을 통해 하나님께서 어떤 일을 하실 수 있는지 보지 못했습니다." 무디가 일어나서 이렇게 말했습니다. "제가 그 사람이 되겠습니다." 당시 그는 초등학교 3학년 정도의 교육만 받아 글도 간신히 읽던 때였습니다. 설교할 때 성경을 봉독하다 모르는 글자가 나오면 거기까지만 읽고 설교를 했다고

합니다. 그리고 모르는 그 글자 다음부터 또 읽고 나서 설교를 했기 때문에 사람들은 그가 글을 읽지 못한다는 것을 몰랐다고 합니다.

무디가 다니기를 원했지만 그를 받아주지 않은 교회가 세 군데나 되었다고 합니다. 그 교회들은 자기 교회 성도가 되기에는 무디에게 부족한 점이 너무 많다고 여겨 받아주지 않았다고 합니다. 하지만 후에 그런 무디의 설교를 듣기 위해 모인 사람들이 15만 명을 넘었다고 합니다. 마이크가 없었던 시절인데 말입니다. 무디는 왕들에게도 설교했고 지구상의 모든 대륙에 영향을 끼쳤습니다. 당시의 빌리 그래함이었다고 말할 수 있습니다. 그는 기적에 기적을 경험하였고 그의 사역을 통하여 놀라운 일들이 일어났습니다.

이미 당신의 마음속에는 당신의 삶을 달라지게 할 그 무언가가 존재하지 않습니까? 당신이 제한하지만 않는다면 말입니다. 그러나 지금보다 더 못해질까 봐 두려워하기 때문에 그 두려움이 당신을 제한하고 있으며 하나님께서 하실 수 있는 일까지도 제한하고 있습니다. 사람들의 비난이 두렵고 일이 잘못될까 봐 두려운 것입니다.

저는 제가 죽기 전에 하나님께서 제 마음에 주신 소원함을 다 이루고 갈 것이라고 믿습니다. 진정으로 말씀드릴 수 있는 것은 하나님께서 제 마음에 주신 소원이라면 어떤 것도 빠짐없이 모두 다 이루어 가는 과정 중에 있다는 것입니다. 또 제가 성장해 감에 따라 하나님께서 더 많은 소원함을 주실 것입니다. 다 이루었다 함은 아니지만 동시에 저는 옛날의 제가 아닙니다. 저는 가야 할 방향을 향해 가고 있습니다.

당신에게는 잠재력이 있습니다

어떤 목사님이 하신 유명한 말이 있습니다. 가장 잠재력이 많은 곳을 찾는다면 공동묘지로 가라는 것입니다. 대부분의 사람이 자기의 잠재력을 깨닫지 못한 채 그것을 그대로 가지고 무덤에 묻혔기 때문입니다. 수백만의 사람들이 자신의 꿈과 목표를 묻어버렸습니다. 삶이 자기를 제한하도록 내버려 뒀고 그렇게 함으로써 하나님을 제한한 것입니다.

저는 가끔 설교 중에 이렇게 물어봅니다. "자신의 잠재력을 다 사용하고 있습니까? 하나님께서 마음에 주신 소원을 따라 행하고 있습니까?" 그러면 80~90%의 사람들이 하나님께서 부르신 그 일을 하고 있는지 아닌지 잘 모르겠다고 합니다.

어떻게 그렇게 삽니까? 저는 저 자신의 뜻을 버린지 45년 가량 되었습니다. 그동안 할 수 있는 한 최선을 다해 하나님의 인도하심을 따랐습니다. 완벽하게 하지는 못했지만, 하나님만 따르기를 추구했으며 그 시간은 멋진 나날들이었습니다!

저는 자기 뜻대로 살면서 주변 환경에 따라 좌지우지되며 사는 사람들을 이해할 수가 없습니다. 그런 사람들은 돈을 벌려고 일합니다. 그들에게는 목적이 없습니다. 하나님께서 왜 이 땅에 그들을 보내셨는지 모릅니다. 하나님이 주신 능력을 사용하지 않고 있습니다. 자신의 잠재력을 다하지 못하고 있습니다. 그것은 사는 게 아닙니다. 간신히 살아남는 것입니다.

우리가 현실적이기를 하나님도 바라십니다. 자기 자신과 가족들도 돌봐야 하겠죠. 하지만 그런 과정 가운데에서도 우리 마음에 있는 그 꿈이 이루어질 것에 대해 하나님을 믿어야 합니다. "아버지, 제 삶이 가치 있는 삶이 되려면 어떻게 해야 하는지 알려주세요."라고 기도해야 합니다.

제가 죽고 나면 사람들이 "이제 그는 갔다. 할렐루야!"라고 하지 않고 "앤드류 워맥 때문에 세상이 더 좋아졌다."라고 말하며 저를 그리워하길 바랍니다. 우리는 우리의 삶을 통해 다른 이들에게 감화를 주고 변화를 줄 수 있어야 합니다. 그러나 두려움 때문에 위험을 감수하지 못해서 평범하고 수준 이하의 삶을 사는 사람들이 너무나 많습니다.

변화에 대한 두려움

사람들을 가로막는 또 다른 두려움은 변화에 대한 두려움입니다. 많은 사람은 새로운 시도를 두려워합니다. 미국 문화에도 변화에 대한 거부감이 매우 강합니다. 몇몇 나라들처럼 전통에 갇혀있는 문화가 아님에도 불구하고 여전히 전통이 강하게 존재합니다. 교회를 개척해 보거나 아니면 그냥 목사님 한 분에게 물어보십시오. 제가 장담할 수 있는데 사람을 변화시키는 것이란 거의 불가능한 일이라고 대답할 것입니다.

변화를 거부하는 이유 중의 하나는 게으르기 때문입니다. 변하려면 노력이 필요합니다. 제가 쓴 책 중에 「노력 없이 오는 변화」란 책이 있습니다. 그 책에서 저는 어떻게 하면 노력 없이 변할 수 있는지 설명했습니다만 그 안에도 "노력"은 있습니다. 거기서 노력이란 하나님의 말씀을 묵상하여 생각을 새롭게 하는 노력입니다. 그러면 우리가 생각하는 대로 변하게 됩니다 (잠 23:7).

우리는 대부분 소파에 앉아 TV에 정신 팔고 있길 원합니다. 누군가가 어디에 정신이 팔렸다는 말은 자기 자신을 거기에 바쳐서 그것에 의해 통제받고 있다는 뜻입니다. 바로 우리가 TV에 그렇게 되어버렸습니다. TV를 켜고 앉아 다른 모든 것은 잊어버립니다. TV에 의해 완전히 통제받는 것이지요.

어느 정도 편해지면 더 이상 변하기 싫은 상태에 이를 수도 있다는 것을 알고 계십니까? 많은 어르신의 모습 속에서 그런 모습이 발견됩니다. 평생 일만 하다가 자식들을 다 키워 놓고 이제 은퇴할 나이가 됩니다. 손주들 재롱을 보며 여행도 다니고 인생을 즐기기 원합니다. 사람이 자신의 수고로 인해 얻은 열매를 누리는 것에는 잘못된 것이 전혀 없습니다. 하지만 제가 장담할 수 있는 것은 그분들이 은퇴하고 일에서 손을 놓자마자 오히려 건강이 안 좋아진다는 사실입니다.

하나님께서는 아무것도 하지 않고 놀고먹는 존재로 우리를 만들지 않으셨습니다. 인생에 목적이 있을 때, 더 오래 살고, 더 행복하며, 더 생산적이고 모든 것이 더 잘 돌아가게 되어 있습니다. 우리 바이블 칼리지에 온 사람 중에 가장 열매가 많은 사람은 은퇴하고 오신 분들입니다. 그분들은 하나님의 말씀을 배우러 옵니다. 젊은 사람들에게 있을 법한 문제도 별로 없고 인생의 여러 가지 책임감도 크지 않습니다. 우리 학교에는 전 세계에서 오신 은퇴한 분들이 있는데 졸업 후 제3세계로 선교하러 갑니다. 비록 다른 문화 속에서 질병과 싸워야 할지도 모르지만, 그분들은 그곳에서의 삶을 얼마나 좋아하고 있는지요!

포기하지 마세요!

아내와 제가 사역을 시작한 지 45년이 넘었습니다. 힘든 시간이 정말 많았습니다. 한번은 여러 친구 목사님들과 함께 서로가 겪었던 힘든 시간에 대해 나누고 있었습니다. 저는 아내와 제가 겪었던 재정적 어려움에 관해 얘기했습니다. 아내가 임신 8개월이었는데 너무 가난한 나머지 2주간 아내를 굶겼던 얘기였습니다. 그러자 그분들이 이렇게 말했습니다. "맙소사, 당신이 사모님께 저지른 짓은 우리가 했던 그 어떤 일보다 나쁜 짓이네요." 이렇게 말한 목사님들이 자신들의 아내에게 저질렀던 짓은 불륜, 사기, 횡령 등으로 감옥까지 갔던 일이었습니다. 이렇게까지 나쁜 짓들을 해 놓고 제 아내가 더 고생했다고 생각하는 것이지요!

저도 많은 어려움을 겪었다는 말씀을 드리고자 나눈 이야기입니다. 제 생각에는 제가 겪었던 일들을 함께 겪어줄 사람은 이 세상에 제 아내밖에 없지 싶습니다. 그도 그럴 것이 라디오 프로그램 진행자인 폴 하비는 저희 부부가 겪었던 일에 대해 듣고서 자신이 평생 들었던 얘기 중에 최악이라고 했습니다.

1999년 7월 26일, 주님께서 꿈을 통해 저에게 말씀하셨는데 그 내용인즉슨, 저의 사역은 이제 막 시작되었다는 것이었습니다. 그때는 이미 제가 사역을 시작한 지 31년 되던 해였습니다! 만약 무슨 일이 생겨서 그 전에 제가 죽었다면 제 삶을 향한 하나님의 뜻을 시작도 못한 채 놓친 것입니다. 그것은 격려도 되고 동시에 낙심도 되는 말씀이었습니다. 낙심되었던 이유는 하나님께서 부르신 일을 위해 31년이나 훈련을 받아야 했던 것이었고 격려가 되었던 이유는 그 31년의 사역 가운데에서도 이미 놀라운 것들을 경험했었기 때문입니다. 그제야 저의 사역이 막 시작된 것이라면 앞으로는 더 좋은 일들이 펼쳐질 것이라는 뜻이었지요!

다음 해인 2000년 3월, 기독교 TV에 우리 방송을 올리기 시작하면서 정말 거의 노력 없이 사역이 진행되는 경지에 이르렀습니다. 그 전에는 고군분투였습니다. 항상 벼랑 끝에 선 기분이었습니다. 금방이라도 문을 닫아야 할 것 같았습니다. 그러다 갑자기 모든 것이 잘 돌아가기 시작했습니다. 이전에 없었던 기름부으심이 있었습니다. 우리가 전하는 메시지와 우리의 사역에 사람들이 반응하기 시작했습니다.

그 뒤로 2년간 우리의 사역은 두 배로 성장했습니다. 재정적으로는 마치 긴 터널 끝에 빛이 보이는 듯했고 그 빛은 달려오는 기차의 헤드라이트가 아니었던 것입니다! 마침내 일이 잘 돌아가기 시작했습니다. 살아남을 것 같았습니다. 우리의 사역을 통해 사람들이 변화되기 시작했습니다. 무슨 말을 하고 싶은 거냐고요? 그때까지 어려움의 연속이었지만 우리는 게으르지 않았고 포기하지 않았다는 말입니다. 만약 게을러서 포기했다면 하나님께서 우리의 삶을 통해 이루고자 하셨던 것들을 우리가 제한할 뻔했습니다.

우리의 삶도 묵혀 없애느니 써서 없애는 편이 낫습니다. 주님을 섬기다가 천국 가기 전까지 다 타버려야 합니다. 어차피 영원히 쉬게 될 것입니다. 사람들이 변화를 거부하는 이유는 자신들의 둥지를 만들어놨기 때문입니다. 그 둥지에 만족하기 때문에 하나님을 제한합니다. 그런 사람들은 게으릅니다. 살만하니까요. 그런 상태는 좋은 것이 아닙니다. 저는 살만하기에 안주하는 삶을 포기했습니다. 지금 우리 단체는 이전에 없었던 큰 일들을 향해 가고 있습니다. 저는 절대로 꿈꾸는 것을 멈추지 않을 것입니다! 주님께 가는 그 순간에도 저는 뭔가 하고 있을 것입니다. 죽을 때까지 나를 일하게 할 목적이 제게 있다는 것이 너무나도 감사합니다. 제가 일을 그만두는 일은 없을 것입니다. 저는 설교하다가 이 땅을 떠날 것이라고 믿고 있습니다!

만족

하나님은 우리 자신의 한계를 넘어서는 일을 하도록 우리를 부르실 것입니다. 하나님은 사람 얼굴도 제대로 쳐다보지 못하던 저를 설교자로 부르셨습니다. 지금은 수천만 명에게 설교하고 있습니다. 하나님께서는 우리가 할 수 없는 일을 하라고 하십니다. 이렇게 할 때 우리는 그분을 의지하게 됩니다. 만약 우리가 할 수 있는 일만 하고 있다면, 우리는 하나님의 뜻을 놓치고 있는 것입니다. 하나님께서는 특별한 일을 위해 우리를 부르고 계시며 그 안에는 위험부담의 요소가 포함되어 있습니다.

하나님의 완전한 사랑이 두려움을 내어 쫓을 것입니다. 하나님께서 당신을 향해 가지신 계획을 참으로 알고 당신의 삶을 통해서 하시려는 일이 무엇인지 정말로 알게 된다면 지금 현재 하는 일보다는 더 많은 것이 있음을 깨닫게 될 것입니다. 당신의 삶 역시 더욱 만족스러워질 것입니다. 하나님께서 부르신 바로 그 일을 할 때만 오는 만족감이 있습니다. 하지만 자기의 뜻을 따르거나 뭐든 주어지는 기회만 따라다닌다면 결코 그 만족은 누리지 못하게 될 것입니다.

실패에 대한 두려움을 제거하십시오. 자신의 한계에 부딪

혀서 모든 것을 다 걸고 하나님의 뜻을 구하고 있지 않다면 이미 실패하고 있는 것입니다.

> 그러므로 형제들아 내가 하나님의 모든 자비하심으로 너희를 권하노니 너희 몸을 하나님이 기뻐하시는 거룩한 산 제물로 드리라 이는 너희가 드릴 영적 예배니라 너희는 이 세대를 본받지 말고 오직 마음을 새롭게 함으로 변화를 받아 하나님의 선하시고 기뻐하시고 온전하신 뜻이 무엇인지 분별하도록 하라
> 롬 12:1-2

이 말씀은 전임 사역자들만을 위한 말씀이 아닙니다. 우리 모두를 위한 말씀입니다. 그리스도인으로서 당연한 의무입니다. 예수께서 우리를 위해 죽으신 것은 우리가 그분을 위해 살게 하시기 위함입니다. 그러니 어떤 조건도 없이 우리 자신을 주님께 헌신해야 합니다. 주께서 당신께 뭔가 요구하신다면, "하나님, 당신이 원하신다면 어디라도 가고 무엇이라도 하겠습니다." 라고 답해야 합니다.

아직 그렇게 하지 못하고 있다면 당신은 하나님께서 시키실 일과 그것에 대한 대가가 두려운 나머지 하나님을 제한하고 있는 것입니다. 하나님은 그 누구보다 많이 주시는 분이십니다.

하나님께 받은 것보다 그분께 드리는 것이 더 많을 수는 없습니다. 주님을 따르기 위해 뭔가를 포기하고 위험을 감수한다면 하나님께서 당신이 하나님을 위해 했던 모든 일을 합친 것보다 더 큰 것으로 갚아주실 것입니다. 하나님을 제한했던 것들을 걷어내어 그분의 축복이 당신을 압도하는 삶을 경험하십시오!

04

사람에 대한 두려움

하나님께서 2002년에 제가 그분을 제한하고 있다고 말씀해 주셨을 때, 제가 하나님을 제한하고 있었던 이유는 두려움 때문이란 것을 깨달았습니다. 우리를 가로막고 하나님을 제한하는 두려움에는 여러 가지가 있습니다. 믿음이 하나님을 일하시게 하고 그분의 능력을 풀어 놓는 것처럼 두려움은 사단을 일하게 하며 그의 능력을 풀어 놓습니다. 두려움은 사람들을 마비시킵니다. 좋은 것이 아니지요. 그럼에도 불구하고 많은 사람이 두려움 속에서 살아가고 있습니다.

하나님께서 우리 삶에 행하실 일을 제한하는 두려움 중의 하나는 사람에 대한 두려움으로 핍박이라고도 할 수 있습니다. 저의 삶 가운데에서 하나님을 제한했던 이유 중의 하나가 바로 이 사람에 대한 두려움이었습니다. 핍박이 두려웠던 것이지요.

강아지를 쓰다듬어 주려 했는데 그때마다 그 개가 내 손을 물어버린다면 더 이상 쓰다듬어 주고 싶은 마음이 없어집니다. 개에게 물리고 싶은 사람은 없으니까요. 그와 마찬가지로 핍박받는 것을 좋아하는 사람은 없습니다. 사람들에게 미움받는 것을 좋아하거나 사람들이 자신에게 화내거나 욕하는 것을 좋아하는 사람이 있다면 뭔가 문제가 있는 것입니다. 하나님은 우리가 좋은 관계와 교제를 원하도록 창조하셨습니다.

미움, 다툼, 핍박은 정상적인 것이 아닙니다. 다른 사람들을 언짢게 하는 일을 즐기는 사람이 있다면 그 사람에겐 뭔가 잘못된 것입니다. 다른 사람들이 우리를 싫어하거나 비난하는 것을 좋아한다면 그것은 비정상적이며 자연스러운 것이 아닙니다. 사람들이 저를 싫어하는 것을 저도 원치 않습니다만 저는 그것을 극복했습니다. 사람들이 싫어한다고 해서 하나님의 부르심을 멈출 수는 없는 일입니다. 사람들의 반응에 대해서는 주님께 저의 염려를 맡겨드렸습니다(벧전 5:7).

남의 눈에 띄지 않기

　제가 주님을 제한한다고 주께서 말씀해 주셨을 때, 우리는 TV 방송으로 미국 기독교 방송의 5%를 커버하고 있었습니다. 우리 사역이 사람들에게 알려졌고 좋은 일들도 있었지만, 사람들의 눈에 띌 정도는 아니었습니다. 저는 그렇게 대단한 존재가 아니었기 때문에 아무도 저에게 관심이 없었습니다. 알려지지 않아 편했고 비난받지 않아 좋았습니다.

　제가 만약 하나님께서 하라고 하신 일을 성취하여 그리스도의 몸인 교회에서 중요한 존재가 된다면, 즉 그리스도의 몸인 교회에 큰 영향력을 끼치는 존재가 된다면 저에게 핍박이 올 거라는 것, 그것을 저는 알고 있었습니다. 그것이 달갑지 않았기에 몸을 사렸던 것이지요. 하나님께서 부르신 일을 쫓아가기보다는 유유자적하며 만족하고 있었던 것입니다.

　하나님께서 부르신 일을 시작하는 순간, 당신의 등에는 커다란 과녁이 하나 장착되는 것과 다름없습니다. 영향력이 커지면 돌아오는 비난도 커지기 마련입니다. 누구라도 리더의 자리에 오르게 되면 바로 도마 위에 올라가게 되는 법입니다. 사람들은 돋보기를 들고 그 사람의 잘잘못을 샅샅이 찾으려 할 것이며 일거수일투족을 분석하고 비난하기 시작할 것입니다. 이런 이유 때문에 뒤에 숨어있길 원하는 사람들이 대부분입니다. 하나님께서 부르신 일을 하려고 나설 때 같이 따라오는 비난과 핍박, 그것을 직면하기가 싫기 때문입니다. 하지만 핍박에 대한 바로 그 두려움이 하나님께서 하실 일을 제한합니다.

사람을 두려워하면 올무에 걸리게 되거니와

저는 우리 바이블 칼리지 학생들에게 항상 이렇게 말합니다. 우리 학교에서 단점을 찾고자 한다면 그것은 항상 풍성하게 준비되어 있다고 말입니다. 우리도 사람입니다. 완벽과는 거리가 먼 사람들입니다. 우리 학교를 샅샅이 분석한다면 비난할 거리를 발견할 수 있을 것입니다. 자기 자신을 괜찮은 사람으로 보이게 하는 가장 쉬운 방법은 타인을 도마 위에 올려놓고 비난하는 것입니다. 그것이 인간의 본성이지요.

사람을 두려워하면 올무에 걸리게 되거니와 여호와를 의지하는 자는 안전하리라   잠 29:25

많은 그리스도인이 사람들의 비난에 집착하는 이유는 자신들의 열등감 때문입니다. 예를 들면 사람들이 싫어한다는 이유로 많은 사역자들이 하나님 말씀의 진리를 선포하지 않습니다. 타인의 비난을 견뎌내지 못할 정도로 열등감에 시달리는 사람이라면 하나님의 최선을 삶 가운데에서 경험하지 못하게 될 것입니다. 사람을 두려워하는 것은 우리를 향한 하나님의 계획을 제한하기 때문입니다.

사역자가 아니더라도 교묘하게 하나님을 제한하는 일들이 있습니다. 예를 들어 직장에서 누군가가 우리가 믿는 바와 완전히 상반된 얘기를 한다고 해 봅시다. 그럴 때 대부분은 비난과 핍박이 두려워서 진리를 수호하기 위해 나서지 않습니다. 그 사람들이 우리를 육체적으로 핍박할 순 없지만, 우리를 보면서 고개를 절레절레 흔들거나 우리를 자기들 모임에 끼워 주지 않거나 아예 왕따를 시킬 수도 있습니다. 그래서 대부분의 그리스도인은 진리를 말하지 않습니다. 이와 같은 사람에 대한 두려움이 하나님을 제한합니다.

진리를 위해 일어나라

길르앗에 우거하는 자 중에 디셉 사람 엘리야가 아합에게 말하되 내가 섬기는 이스라엘의 하나님 여호와께서 살아 계심을 두고 맹세하노니 내 말이 없으면 수 년 동안 비도 이슬도 있지 아니하리라 하니라 . 왕상 17:1

엘리야는 하나님의 선지자들을 다 죽이던 왕 앞에 섰습니다. 그 왕 앞에 서서 말했습니다. "주님께서 말씀하십니다." 엘리야도 하나님의 선지자였기 때문에 죽을 수도 있는 위험이 있었지만, 자신이 하나님과 관련 있음을 밝혔습니다. 그리고 모든 백성 앞에 담대히 서서 말했습니다. "주님께서 말씀하십니다. '내가 말하기 전까지 비가 오지 않을 것이다.'" 이렇듯 엘리야는 담대하게 진리를 말했기 때문에 3년 안에 그 나라 전체에서 가장 중심이 되는 인물이 되었습니다. 그가 일어나서 진리를 말했기 때문에 왕도 엘리야의 명령을 받들었습니다.

너는 네 형제를 마음으로 미워하지 말며 네 이웃을 반드시 견책하라 그러면 네가 그에 대하여 죄를 담당하지 아니하리라
레 19:17

사람들이 개나 고양이처럼 아무하고 자고 동거하는 것에 대해 얘기할 때, 그렇게 하는 것은 도덕적이지 않다고 나서서 말하는 사람은 거의 없습니다. 하지만 우리는 이렇게 말해야 합니다. "그렇게 하는 것은 해로운 삶의 방식입니다. 서로에게 헌신을 결단해야죠. 당신에게 미래를 약속하지 않은 사람과 왜 같이 살고 있는 것입니까?" 사람들이 결혼을 통해 서로에게 헌신하지 않고 동거하는 이유는 살다가 뭐라도 하나 잘못되면 거추장스러운 법적 절차 없이 상대방을 떠나버리기 위함입니다.

그것이 옳지 않다는 것을 알면서도 사람들이 뭐라고 할까 봐 진리를 위해 일어서지 않는다면 하나님께서 우리를 통해서 하실 수 있는 일을 제한하는 것이 됩니다. 미국에서는 더더욱 이에 대해 변명할 수 없습니다. 여러 다른 나라에서는 진리를 위해 일어섰다가 생명을 잃은 사람들도 많습니다. 그것이 진정한 핍박입니다! 하지만 미국에서는 사람들이 자기를 조금만 이상하게 쳐다봐도 핍박을 받았다고 느낍니다. 모든 사람에게 인정받으려는 데에 중독이 된 것입니다. 자아에 대한 인식과 인정을 타인으로부터 받으려 하기 때문에 사람들에게 의지하는 결과를 낳았습니다. 배우자의 인정, 동료들의 인정, 자녀들의 인정, 시집 식구들의 인정, 처가 식구들의 인정에 목말라 하기 때문입니다. 사람들에게 거절받기를 좋아하라는 말은

사람에 대한 두려움

아닙니다만 하나님께서 나를 사랑하시는 것으로 충분한 단계에 이르러야 합니다. 사람에 대한 두려움, 비난과 거절에 대한 두려움 때문에 하나님께서 하라고 하신 일들을 하지 않는다면 그것이 바로 하나님을 제한하는 것입니다.

하나님으로 충분합니다

월터라는 이름의 스칸디나비아 출신 친구가 있는데 아프리카에서 여러 개의 교회를 개척하여 사역하고 있었습니다. 하지만 마치 아무것도 되는 일이 없는 것 같아서 매우 힘들어하고 있었습니다. 하루는 그가 정글에 있었을 때 일인데, 아무도 그를 사랑해 주지 않고 받아주지 않았다고 불평하고 있었습니다. 그때 갑자기 땅이 흔들릴 정도로 큰 소리로 주님께서 말씀하셨다고 합니다. 실제로 나무가 흔들리는 모습을 보았답니다. 하나님께서 이렇게 말씀하셨습니다. "월터, 나로 충분하지 않느냐?"

물론 월터는 회개하면서 "하나님, 당신으로 충분합니다."라고 고백했습니다. 사람들을 두려워함으로써 하나님을 제한해 왔다는 것을 깨달은 그는 불평을 멈추고 나서 아프리카에

5백 개 이상의 교회를 개척하기에 이르렀습니다! 우리 모두 하나님을 제한하는 일을 멈추고 하나님만으로 충분한 단계에 이르러야 합니다. 우리가 하나님과 활력이 넘치는 관계를 누리지 못할 때 얼마나 심각한 열등감에 시달리게 되는지 정말 놀랍습니다. 그럴 때, 우리는 모든 사람에게 인정을 받으려고 합니다. 하지만 나를 낙심하게 만들 수 있는 유일한 사람은 내가 의지했던 사람입니다. 어떤 누구도 의지하지 않고 오직 예수님만을 의지하면 그 누구도 우리를 낙심시킬 수 없습니다.

하나님께서 아프리카로 가라고 하시거나 그 외에 어딘가로 가라고 하셨는데 가족들은 어떻게 생각할까, 다른 사람들은 어떻게 생각할까를 따져본다면 그것은 사람을 두려워한다는 증거입니다. 가족들을 고려하지 않거나 하나님이 하신 말씀을 기분 나쁘게 전달하라는 말은 아닙니다. 하지만 하나님이 하라고 하신 일을 누군가가 좋아하지 않을 거란 이유로 고민한다는 것이 바로 사람에 대한 두려움입니다.

사역자로 살면서 저도 그런 일을 많이 겪었습니다. 사람들이 저를 미워하거나 제 얼굴에 침을 뱉을 때 누구나 그렇듯 저도 괴롭습니다. 주님께서 누군가에게 뭔가를 말하라고 하셨을 때 할까 말까 망설였던 적이 있었습니다. 그 사람이 듣기 싫어할 것이라는 사실을 알았기 때문입니다. 마침내 주님께서 저에게 말씀하시기를 그 사람을 대신하여 진리를 거절할 권리가 저에게 있지 않다고 하셨습니다. 주님의 말씀을 직접 듣고 나서 거절하고 싶으면 스스로 거절할 권리를 당사자들에게 주어야 한다는 말씀이었습니다. 사람들이 어떻게 생각할지 그것이 두려워서 그들에게 진리를 말하지 않는 것은 내가 그 사람들을 대신하여 진리를 거절하는 것이라는 사실을 깨달았고 이 깨달음이 저의 사고방식을 바꿔주었습니다.

아무런 문제도 없다면

타인의 비난과 거절이 두려워서 하나님께서 하라고 하신 일을 하지 못하는 사람들이 많습니다. 한번은 저의 집회에서 이런 일이 있었습니다. 제가 이렇게 질문했습니다. "어떤 문제도 없다면 우리 바이블 칼리지에 오기 원하시는 분?" 그러자 수백 명이 손을 들었습니다. 하지만 바이블 칼리지에 가는 길을 막는 일반적인 문제들은 다음과 같은 것들입니다. '가족들은 어떻게 생각할까? 그 사람은 어떻게 생각할까? 내가 미쳤다고 하진 않을까?' 이 모든 것이 사람을 두려워하는 것이고 사람을 두려워할 때 하나님을 제한하게 됩니다.

> 사람을 두려워하면 올무에 걸리게 되거니와 여호와를 의지하는 자는 안전하리라   잠 29:25

이러한 문제들에 부딪혔으나 끝까지 포기하지 않고 우리 바이블 칼리지에 온 사람들도 있습니다. 유타 출신의 한 여자분이 있었는데 그 분의 남편은 아내가 우리 학교에 오기 위해 비행기에 몸을 싣는 순간 이혼이라고 협박했다고 합니다. 부부관계는 이미 회복될 수 없을 만큼, 상할 대로 상한 상태였기 때문에 그 분은 그냥 떠났고 그 남자는 아내와의 이혼을 강행했습니다. 이러한 상황으로 인해 사람들은 겁을 먹고 하나님께서 하라고 하신 일에 순종하지 않습니다.

하지만 하나님께서 말씀하시면 그 어떤 누구도 우리를 막을 수 없는 그러한 상태에 이르러야 합니다. 사람에 대한 두려움이 우리의 삶을 속박합니다. 그렇기 때문에 우리는 그 두려움을 뛰어넘어야 합니다! 그 어떤 사람의 의견도 하나님의 의견보다 높은 곳에 놓아서는 안 됩니다. 사람을 두려워하면 우리의 삶에서 하나님의 역사를 제한하게 됩니다.

이스라엘 백성은 하나님을 제한했습니다

또 네겝으로 올라가서 헤브론에 이르렀으니 헤브론은 애굽 소안보다 칠 년 전에 세운 곳이라 그 곳에 아낙 자손 아히만과 세새와 달매가 있었더라 또 에스골 골짜기에 이르러 거기서 포도송이가 달린 가지를 베어 둘이 막대기에 꿰어 메고 또 석류와 무화과를 따니라 이스라엘 자손이 거기서 포도를 베었으므로 그 곳을 에스골 골짜기라 불렀더라 사십 일 동안 땅을 정탐하기를 마치고 돌아와 바란 광야 가데스에 이르러 모세와 아론과 이스라엘 자손의 온 회중에게 나아와 그들에게 보고하고 그 땅의 과일을 보이고 모세에게 말하여 이르되 당신이 우리를 보낸 땅에 간즉 과연 그 땅에 젖과 꿀이 흐르는데 이것은 그 땅의 과일이니이다 그러나 그 땅 거주민은 강하고 성읍은 견고하고 심히 클 뿐 아니라 거기서 아낙 자손을 보았으며 아말렉인은 남방 땅에 거주하고 헷인과 여부스인과 아모리인은 산지에 거주하고 가나안인은 해변과 요단 가에 거주하더이다 갈렙이 모세 앞에서 백성을 조용하게 하고 이르되 우리가 곧 올라가서 그 땅을 취하자 능히 이기리라 하나 그와 함께 올라갔던 사람들은 이르되 우리는 능히 올라가서 그 백성을 치지 못하리라 그들은 우리보다 강하니라 하고 이스라엘 자손 앞에서 그 정탐한 땅을 악평하여 이르되 우리가 두루 다니며 정탐한 땅은 그 거주민을 삼키는 땅이요 거기서 본 모든 백성은 신장이 장대한 자들이며 거기서 네피림 후손인 아낙 자손의 거인들을 보았나니 우리는 스스로 보기에도 메뚜기 같으니 그들이 보기에도 그와 같았을 것이니라   민 13:22-33

하나님께서는 이스라엘 백성이 젖과 꿀이 흐르는 약속의 땅으로 들어가길 원하셨습니다. 그곳은 비옥한 곳이었습니다! 포도 한 송이가 너무 커서 장대에 걸고 두 남자가 옮겨야 했을 정도였습니다. 그렇게 큰 포도송이를 상상이나 할 수 있었겠습니까? 요즘 우리가 먹는 그런 포도가 아니라 엄청나게 큰 포도였습니다! 그 땅은 그렇게 축복받은 땅이었던 것입니다!

그런데 이스라엘 백성들은 잘못된 것에 집중했습니다. 하나님께서 취하라고 하신 땅을 바라보는 대신에 그곳 거민들의 신장을 바라보았습니다. 그곳에 사는 사람들은 거인으로 보았고 자신들은 메뚜기로 보았습니다. 다른 사람이 우리를 어떻게 보든 무슨 상관입니까? 하나님이 우리를 어떻게 보시는지가 중요합니다. 그리고 우리도 하나님이 우리를 보시는 시각으로 우리 자신을 바라봐야 합니다.

하나님의 뜻이 지연되다

40년 뒤에 여호수아가 여리고로 정탐꾼들을 보냈는데 기생 라합이 그들을 숨겨주었습니다. 그리고 라합은 정탐꾼들에게 이스라엘 백성들이 여리고를 쳐부술 때 자신과 자신의 가족들을 살려달라고 청합니다.

말하되 여호와께서 이 땅을 너희에게 주신 줄을 내가 아노라 우리가 너희를 심히 두려워하고 이 땅 주민들이 다 너희 앞에서 간담이 녹나니 이는 너희가 애굽에서 나올 때에 여호와께서 너희 앞에서 홍해 물을 마르게 하신 일과 너희가 요단 저쪽에 있는 아모리 사람의 두 왕 시혼과 옥에게 행한 일 곧 그들을 전멸시킨 일을 우리가 들었음이니라 우리가 듣자 곧 마음이 녹았고 너희로 말미암아 사람이 정신을 잃었나니 너희의 하나님 여호와는 위로는 하늘에서도 아래로는 땅에서도 하나님이시니라 그러므로 이제 청하노니 내가 너희를 선대하였은즉 너희도 내 아버지의 집을 선대하도록 여호와로 내게 맹세하고 내게 증표를 내라 그리고 나의 부모와 나의 남녀 형제와 그들에게 속한 모든 사람을 살려 주어 우리 목숨을 죽음에서 건져내라 그 사람들이 그에게 이르되 네가 우리의 이 일을 누설하지 아니하면 우리의 목숨으로 너희를 대신할 것이요 여호와께서 우리에게 이 땅을 주실 때에는 인자하고 진실하게 너를 대우하리라 라합이 그들을 창문에서 줄로 달아 내리니 그의 집이 성벽 위에 있으므로 그가 성벽 위에 거주하였음이라 라합이 그들에게 이르되 두렵건대 뒤쫓는 사람들이 너희와 마주칠까 하노니 너희는 산으로 가서 거기서 사흘 동안 숨어 있다가 뒤쫓는 자들이 돌아간 후에 너희의 길을 갈지니라 그 사람들이 그에게 이르되 네가 우리에게 서약하게 한 이 맹세에 대하여 우리가 허물이 없게 하리니 우리가 이 땅에 들어올 때에 우리를 달아 내린 창문에 이 붉은 줄을 매고 네 부모와 형제와 네 아버지의 가족을 다 네 집에 모으라 누구든지 네 집 문을 나가서 거리로 가면 그의 피가 그의 머리로 돌아갈 것이요 우리는 허물이 없으리라 그러나 누구든지 너와 함께 집에 있는 자에게 손을 대면 그의 피는 우리의 머리로 돌아오려니와 네가 우리의 이 일을 누설하면 네가 우리에게 서약하게 한 맹세에 대하여 우리에게 허물이 없으리라 하니 라합이 이르되 너희의 말대로 할 것이라 하고 그들을 보내어 가게 하고 붉은 줄을 창문에 매니라 그들이 가서 산에 이르러 뒤쫓는 자들이 돌아가기까지 사흘을 거기 머물매 뒤쫓는 자들이 그들을 길에서 두루 찾다가 찾지 못하니라 그 두 사람이 돌이켜 산에서 내려와 강을 건너 눈의 아들 여호수아에게 나아가서 그들이 겪은 모든 일을 고하고 또 여호수아에게 이르되 진실로 여호와께서 그 온 땅을 우리 손에 주셨으므로 그 땅의 모든 주민이 우리 앞에서 간담이 녹더이다 하더라 수 2:9-24

그들이 신장이 장대한 것은 사실이었습니다! 거인들이었지요! 하지만 그 사람들은 어떻게 생각하고 있었는지 아십니까? 40년 동안 여리고 사람들은 이스라엘 백성들을 두려워하고 있었습니다. 그들의 간담이 녹았고 힘이 다 빠졌습니다. 이스라엘 백성들이 이 상황을 제대로 인식했다면 약속의 땅으로 들어가는 것이 누워서 떡 먹기였겠지요. 하나님께서 완벽한 승리를 주셨을 것입니다. 하지만 이스라엘 백성들은 그곳 사람들의 신장을 보았기 때문에 그들을 거인으로 본 것입니다. 하나님께 순종하지 않고 육신적인 것에 집중했기 때문에 하나님의 계획을 40년간이나 지연시켰습니다. 그들이 하나님을 제한한 것입니다!

할례 받지 못한 블레셋 사람

다윗이 골리앗과 싸웠던 사무엘상 17장과 비교해 봅시다. 이스라엘의 장수들이 골리앗을 두려워하여 전부 바위 뒤에 숨어 있을 때 다윗은 그를 보고 이렇게 말했습니다. "도대체 할례받지 못한 이 블레셋 사람은 누구냐?"(삼상 17:26) 다윗은 할례의 언약을 언급하고 있었습니다. 골리앗은 이스라엘 백성이 아니었기에 하나님의 언약을 가진 백성이 아니라는 뜻입니다.

다음과 같이 표현할 수도 있습니다. "하나님과의 언약도 없고 하나님의 백성도 아닌 이 사람이 도대체 누구기에 하나님과 언약을 맺은 하나님의 백성을 대적하느냐?" 우리도 믿지 않는 사람들이 우리를 비난할 때 이런 자세를 가져야 합니다. 그들이 가족이든, 친구든, 직장동료든, 아니면 권위자라 할지라도 말입니다. 그들이 하나님을 모른다면 하나님에 대한 우리의 의견이 하나님에 대한 그들의 의견보다 훨씬 낫습니다. 그들의 의견은 그들을 지옥으로 끌고 가고 있을 만큼 형편없으니까요!

거듭나서 성령세례를 받았다면 특별한 사람들입니다. 성령세례를 받으면 평범한 그리스도인들에게는 없는 하나님에 대한 계시를 갖게 되고 평범한 그리스도인들과 다른 방법으로 하나님께 나아갈 수 있습니다. 거듭나서 성령세례를 받았다면 이미 엘리트 그룹입니다. 도대체 왜 하나님과 어떤 관계도 갖지 못한 사람의 의견을 높여 거기에 권위를 부여합니까?

경건한(하나님적인) 사람들은 핍박을 받습니다

우리가 동의하지 않고 동조하지 않는 한 그 누구도 우리에게 겁을 줄 수 없습니다. 우리가 허락하지 않으면 그 누구도 우리에게 영향을 미칠 수 없습니다. 사람들이 나에 대해 뭐라고 말할까 걱정하고 있는 이유는 하나님이 아닌 사람을 두려워하고 있기 때문입니다. 또는 하나님을 두려워하는 마음보다 사람을 두려워하는 마음이 더 크기 때문입니다. 사람을 두려워하는 마음 때문에 내가 할 일을 못 하고 있다면 내 안에 뭔가 부족한 것이 있다는 증거입니다. 우리를 비난하는 그 사람들이 문제가 아니라 바로 우리가 문제인 것입니다.

개가 여러 마리 모여 있는 곳에 돌을 던졌습니다. 어떤 개가 돌에 맞았을까요? 제일 크게 짖는 개가 돌에 맞은 개입니다. 같은 이치로, 우리가 주님을 위해 용기를 내어 한 말에 가장 많이 찔린 사람이 우리를 비난하는 법입니다. 사람들이 우리를 비난하고 인정하지 않는 것으로 자신의 찔림을 해결하려고 하는 이유는 그렇게 해서 우리가 망가지는 모습을 볼 때 "봐, 내가 맞지."라고 할 수 있기 때문입니다.

결정적인 증거를 가진 증인이 법정에 섰다고 해 봅시다. 그러면 변호사는 그 증인의 인격을 비난하려고 할 것입니다. 그 증인의 인격에 문제가 있는 것처럼 보이게 만들 수 있다면 그 사람의 증거를 무시해 버릴 수 있기 때문입니다. 핍박이란 바로 이런 것입니다!

> 악을 행하는 자마다 빛을 미워하여 빛으로 오지 아니하나니
> 이는 그 행위가 드러날까 함이요   요 3:20

우리가 만일 이 사회의 문제에 대해 도덕적인 태도를 취하면 비도덕적인 사람들이 우리를 비난할 것입니다. 우리의 도덕성에 정죄감을 느끼기 때문입니다. 이 말은 우리가 그들을 정죄한다는 뜻이 아닙니다. 모든 사람은 자신이 잘못하고 있을 때 마음 깊은 곳에서는 그것을 압니다. 그 죄책감과 정죄감이 싫기 때문에 그들이 반대하는 가치를 위해 나선 사람들을 공격하는 것입니다. 그래야 자신들이 괜찮아 보이기 때문이죠. 다른 사람

들의 빛이 흐려지게 해서 더 이상 자신들의 죄를 비추지 못하게 하는 것입니다. 비난은 그런 이유로 옵니다. 우리가 이것을 이해한다면 비난받고 핍박받는 것이 실제로는 칭찬이라는 것을 깨닫게 됩니다.

> 무릇 그리스도 예수 안에서 경건하게 살고자 하는 자는 박해를 받으리라					딤후 3:12

박해를 받고 있지 않다면 경건하게 살고 있지 않다는 증거입니다. 아무도 우리를 비난하지 않는다면 우리가 제대로 된 그리스도인이 아니거나 말씀을 제대로 전하고 있지 않기 때문입니다. 예수님은 이렇게 말씀하셨습니다. "내가 너희에게 종이 주인보다 더 크지 못하다 한 말을 기억하라 사람들이 나를 박해하였은즉 너희도 박해할 것이요 내 말을 지켰은즉 너희 말도 지킬 것이라"(요 15:20) 다른 말로 하자면 우리 주인이 비난 받는다면, 우리도 받을 것이란 말입니다!

저는 하나님이 저를 사랑하시는 것을 알기 때문에 그분 안에서 안식하게 되었습니다. 그래서 그 어떤 비난과 핍박도 하나님께서 내게 주신 사명을 방해하거나 멈추게 하지 못합니다. 인터넷에 저에 대한 욕이 아마도 수천 수백 개는 될 것입니다. 사람들은 저에 대해 온갖 말을 다 하지만 그런 것들이 저를 멈추게 하지는 못합니다.

사람에 대한 두려움과 핍박에 대한 두려움이 많은 사람들의 손발을 묶어 놓았습니다. 대부분의 사람들은 너무 유약하여 핍박을 매우 꺼립니다. 그것은 그들이 하나님과 친밀한 관계를 갖지 못했다는 것을 보여줄 뿐입니다. 그들은 하나님의 칭찬보다 사람들의 칭찬을 더 원합니다. 이렇게 할 때, 하나님을 제한하게 됩니다.

05

성공에 대한 두려움

　제가 하나님을 제한하고 있다고 하나님께서 저에게 말씀해 주셨을 때, 제 삶에 가장 큰 두려움 중의 하나는 성공에 대한 두려움이었습니다. 제 말이 이해되지 않는 분도 계시겠지만 저는 고난과 실패보다는 성공이 더 많은 사람을 망쳐놓았다고 생각합니다. 사람들은 종종 이렇게 말하곤 합니다. "모든 일이 잘 안 돌아가서 고생할 때, 그 사람의 진짜 모습을 알 수 있다." 아니요, 그 사람의 진짜 모습을 정말로 보여주는 것은 모든 일이 다 잘 돌아갈 때입니다. 하나님께 헌신하지 않은 사람들조차 일이 잘 안 돌아가고 곧 죽을 것만 같을 때는 다들 하나님께 매달립니다. 하나님을 사랑하지 않는 사람들도 곤경에 빠지면 하나님께 부르짖고 도움을 구하니까요.

내가 두 가지 일을 주께 구하였사오니 내가 죽기 전에 내게 거
절하지 마시옵소서 곧 헛된 것과 거짓말을 내게서 멀리 하옵
시며 나를 가난하게도 마옵시고 부하게도 마옵시고 오직 필
요한 양식으로 나를 먹이시옵소서 혹 내가 배불러서 하나님을
모른다 여호와가 누구냐 할까 하오며 혹 내가 가난하여 도둑
질하고 내 하나님의 이름을 욕되게 할까 두려워함이니이다

잠 30:7-9

제가 생각하기엔 우리가 진짜 어떤 사람인지 가장 잘 보여주
는 순간은 모든 일이 다 잘 돌아가서 하나님을 의지할 필요가
없을 때입니다. 모든 일이 다 잘 돌아가는 그때에도 얼마나
말씀을 읽고 기도할 것인가, 이것이 문제입니다.

주님을 잊지 말라

내가 오늘 명하는 모든 명령을 너희는 지켜 행하라 그리하면
너희가 살고 번성하고 여호와께서 너희의 조상들에게 맹세하
신 땅에 들어가서 그것을 차지하리라 네 하나님 여호와께서
이 사십 년 동안에 네게 광야 길을 걷게 하신 것을 기억하라

이는 너를 낮추시며 너를 시험하사 네 마음이 어떠한지 그 명령을 지키는지 지키지 않는지 알려 하심이라 너를 낮추시며 너를 주리게 하시며 또 너도 알지 못하며 네 조상들도 알지 못하던 만나를 네게 먹이신 것은 사람이 떡으로만 사는 것이 아니요 여호와의 입에서 나오는 모든 말씀으로 사는 줄을 네가 알게 하려 하심이니라 이 사십 년 동안에 네 의복이 해어지지 아니하였고 네 발이 부르트지 아니하였느니라 너는 사람이 그 아들을 징계함 같이 네 하나님 여호와께서 너를 징계하시는 줄 마음에 생각하고 네 하나님 여호와의 명령을 지켜 그의 길을 따라가며 그를 경외할지니라 네 하나님 여호와께서 너를 아름다운 땅에 이르게 하시나니 그 곳은 골짜기든지 산지든지 시내와 분천과 샘이 흐르고 밀과 보리의 소산지요 포도와 무화과와 석류와 감람나무와 꿀의 소산지라 네가 먹을 것에 모자람이 없고 네게 아무 부족함이 없는 땅이며 그 땅의 돌은 철이요 산에서는 동을 캘 것이라 네가 먹어서 배부르고 네 하나님 여호와께서 옥토를 네게 주셨음으로 말미암아 그를 찬송하리라 내가 오늘 네게 명하는 여호와의 명령과 법도와 규례를 지키지 아니하고 네 하나님 여호와를 잊어버리지 않도록 삼갈지어다 네가 먹어서 배부르고 아름다운 집을 짓고 거주하게 되며 또 네 소와 양이 번성하며 네 은금이 증식되며 네 소유가 다 풍부하게 될 때에 네 마음이 교만하여 네 하나님 여호와를 잊어버릴까 염려하노라 여호와는 너를 애굽 땅 종 되었던 집에서 이끌어 내시고 너를 인도하여 그 광대하고 위험한 광야 곧 불뱀과 전갈이 있고 물이 없는 간조한 땅을 지나게 하셨으며 또 너를 위하여 단단한 반석에서 물을 내셨으며 네 조상들도 알지 못하던 만나를 광야에서 네게 먹이셨나니 이는 다 너를 낮추시며 너를 시험하사 마침내 네게 복을 주려 하심이었느니라 그러나 네가 마음에 이르기를 내 능력과 내 손의 힘으로 내가 이 재물을 얻었다 말할 것이라 네 하나님 여호와를 기억하라 그가 네게 재물 얻을 능력을 주셨음이라 이같이 하심은 네 조상들에게 맹세하신 언약을 오늘과 같이 이루려 하심이니라 네가 만일 네 하나님 여호와를 잊어버리고 다른 신들을 따라 그들을 섬기며 그들에게 절하면 내가 너희에게 증거하노니 너희가 반드시 멸망할 것이라 여호와께서 너희 앞에서 멸망시키신 민족들 같이 너희도 멸망하리니 이는 너희가 너희의 하나님 여호와의 소리를 청종하지 아니함이니라
　　　　　　　　　　　　　　　　　　　　신 8:1-20

신명기 8장에서 모세는 이스라엘 백성에게 약속의 땅에 들어가는 것에 대해 설명하고 있습니다. 이 모든 형통을 누리게 될

때, 부를 얻을 능력을 주신 분은 주님이시며 그것은 그분의 언약을 성취하기 위함이라는 것을 알라는 말입니다. 사울 왕은 바로 이것을 잊어버렸던 것입니다.

> 사무엘이 이르되, 왕이 스스로 보기에 작았을 때에 이스라엘 지파들의 머리가 되셨고 주께서 왕에게 기름을 부어 이스라엘을 다스릴 왕으로 삼지 아니하셨나이까?
> 삼상 15:17 (킹제임스 흠정역)

> 사무엘이 사울에게 이르되, 나는 왕과 함께 돌아가지 아니하리니 왕이 주의 말씀을 버렸으므로 주께서 왕을 버려 이스라엘을 다스릴 왕이 되지 못하게 하셨나이다 하니라.
> 삼상 15:26 (킹제임스 흠정역)

사울이 스스로를 작게 여겼을 때, 즉 겸손하여 하나님께 순종했을 때는 하나님께서 그를 사용하실 수 있었습니다. 하지만 그가 자신을 크게 보았을 때, 교만으로 높아져서 하나님께 불순종했을 때는 하나님께서 그를 사용하실 수 없었습니다. 하나님과 동행하려면 겸손이 필수입니다. 사울이 하나님과 더 이상 동행하지 못한 이유는 교만해진 결과, 자기 마음대로 했기 때문입니다.

그러한 이유로 하나님께서는 그를 왕위에서 내려오게 하셨습니다. 하나님께서 사울의 삶 가운데 이루시려 했던 일을 사울 자신이 제한한 것입니다.

교만은 패망의 선봉이요 거만한 마음은 넘어짐의 앞잡이니라
잠 16:18

젊은 자들아 이와 같이 장로들에게 순종하고 다 서로 겸손으로 허리를 동이라 하나님은 교만한 자를 대적하시되 겸손한 자들에게는 은혜를 주시느니라
벧전 5:5

많은 사람이 형통(번영)을 두려워합니다. 형통이 많은 사람들을 망쳐놓았고 주님을 향한 사람들의 마음을 완고하게 만들었기 때문입니다. 이것이 오늘날 미국의 문제이기도 합니다. 미국은 너무나 번영한 나머지 한 집에 평면 TV가 여러 대 없다면 정부가 그들을 도와줘야 한다고 생각하니 말입니다!

교회의 역사를 들여다보면 핍박이 있을 때마다 교회가 급속도로 성장한 것을 보게 됩니다. 하지만 비교적 형통(번영)했던 시기에는 교회가 항상 변질되었습니다. 저는 그러한 일이 현재 미국에서도 일어나고 있다고 생각합니다. 우리는 종교적인

사람들이 되었습니다. 미국은 기독교의 원리대로 세워진 나라지만 현재 미국 교회는 이 나라에 거의 영향을 끼치지 못하고 있습니다. 저도 이런 말을 하는 것이 전혀 기쁘지 않습니다만 여러모로 볼 때, 미국은 더 이상 기독교 국가가 아닌 상황입니다. 저는 그것을 받아들이는 것도 아니며 그렇게 결론 내리는 것도 아닙니다. 저는 하나님께서 이 나라를 다시 회생시키실 거라 믿으며 그렇게 되도록 제가 할 수 있는 최선을 다해 말씀을 전하고 있습니다. 저는 아직도 이 나라에서 하나님께서 하실 일이 있다고 믿습니다.

교만하면 망한다

잠언 16:18은 웃시아 왕에게도 적용할 수 있습니다. 웃시아도 처음에는 겸손함으로 하나님을 섬겼습니다. 하나님께서는 그에게 기발한 발명품을 만들게 해 주셨습니다. 그것은 바로 각종 무기들인데 그로 인해 남다르게 발전된 군사력을 갖게 되었습니다. 그래서 그는 형통케 되었지만 그로 인해 교만해졌습니다. 그래서 성전에 들어가 하나님께 분향하기로 결심했습니다. 그것은 제사장만이 할 수 있는 일인데 자신이 제사장의

직무를 대신하려고 했던 것입니다. 하지만 왕이 해서는 안 될 일이었기에 하나님께서는 그를 나병으로 치셨습니다.

웃시야가 그의 온 군대를 위하여 방패와 창과 투구와 갑옷과 활과 물매 돌을 준비하고 또 예루살렘에서 재주 있는 사람들에게 무기를 고안하게 하여 망대와 성곽 위에 두어 화살과 큰 돌을 쏘고 던지게 하였으니 그의 이름이 멀리 퍼짐은 기이한 도우심을 얻어 강성하여짐이었더라 그가 강성하여지매 그의 마음이 교만하여 악을 행하여 그의 하나님 여호와께 범죄하되 곧 여호와의 성전에 들어가서 향단에 분향하려 한지라 제사장 아사랴가 여호와의 용맹한 제사장 팔십 명을 데리고 그의 뒤를 따라 들어가서 웃시야 왕 곁에 서서 그에게 이르되 웃시야여 여호와께 분향하는 일은 왕이 할 바가 아니요 오직 분향하기 위하여 구별함을 받은 아론의 자손 제사장들이 할 바니 성소에서 나가소서 왕이 범죄하였으니 하나님 여호와에게서 영광을 얻지 못하리이다 웃시야가 손으로 향로를 잡고 분향하려 하다가 화를 내니 그가 제사장에게 화를 낼 때에 여호와의 전 안 향단 곁 제사장들 앞에서 그의 이마에 나병이 생긴지라 대제사장 아사랴와 모든 제사장이 왕의 이마에 나병이 생겼음을 보고 성전에서 급히 쫓아내고 여호와께서 치시므로 왕도 속히 나가니라   대하 26:14-20

자기를 의지합니까 아니면 하나님을 의지합니까?

다윗은 너무 형통(번영)한 나머지 하나님께서 왕에게 하라고 명하신 일을 자신이 직접 하지 않고 다른 사람들에게 시켰습니다. 다윗이 해 질 녘에 일어난 것을 보면 그의 삶이 따분했던 것을 분명히 알 수 있습니다. 하는 일이 없었다는 뜻이지요.

그 해가 돌아와 왕들이 출전할 때가 되매 다윗이 요압과 그에게 있는 그의 부하들과 온 이스라엘 군대를 보내니 그들이 암몬 자손을 멸하고 랍바를 에워쌌고 다윗은 예루살렘에 그대로 있더라 저녁 때에 다윗이 그의 침상에서 일어나 왕궁 옥상에서 거닐다가 그 곳에서 보니 한 여인이 목욕을 하는데 심히 아름다워 보이는지라 다윗이 사람을 보내 그 여인을 알아보게 하였더니 그가 아뢰되 그는 엘리암의 딸이요 헷 사람 우리아의 아내 밧세바가 아니니이까 하니 다윗이 전령을 보내어 그 여자를 자기에게로 데려오게 하고 그 여자가 그 부정함을 깨끗하게 하였으므로 더불어 동침하매 그 여자가 자기 집으로 돌아가니라 삼하 11:1-4

다윗이 처음에는 하나님을 의지했지만 형통을 얻은 후엔

하나님을 의지하지 않았습니다. 이 구절을 통해 제가 알게 된 것은 주께서 저의 사역을 성장시켜주셔서 제가 더 많은 사람에게 영향력을 미치게 하신다면 오히려 그것이 저를 파멸하게 만들 수도 있다는 것이었습니다. 저는 그것이 두려웠습니다. 이상하다고 생각하실 분도 있겠지만 저는 성공이 두려웠고 성공 때문에 저에게 일어날 수도 있는 일들이 두려웠습니다. 그러던 어느 날, 주께서 저에게 이렇게 말씀하셨습니다. "나는 33년간 너를 준비해 왔다. 내가 이 일을 위해 너를 준비해 왔다는 것을 신뢰해야 한다." 그래서 저는 이 두려움을 극복하고 이렇게 말했습니다. "아버지, 이 일과 이 일에 따라오는 모든 것을 감당하겠습니다."

두려움이 저를 막았던 것입니다. 그리고 인정하기 싫었지만, '나는 부족하다'는 생각이 저에게 있었습니다. 하나님이 저를 사랑하신다는 것을 알았고 그분에게 지갑이 있다면 그 안에는 저의 사진이 있을 거라고 생각했지만 사람들이 나에 대해 어떻게 생각할지 염려가 되었던 것입니다. 하나님께서 쓰시기에 제가 합당한 자가 아니라고 여겼던 것이지요. 앞에서도 말씀드렸듯이 제가 하나님이었다면 저 같은 사람을 택하지는 않았을 겁니다.

하나님께서 당신을 구별하셨다

제가 결혼하고 몇 달 후인 1973년 1월에 주님은 저를 한밤중에 깨워 예레미야 1장을 통해 말씀하셨습니다.

> 여호와의 말씀이 내게 임하니라 이르시되 내가 너를 모태에 짓기 전에 너를 알았고 네가 배에서 나오기 전에 너를 성별하였고 너를 여러 나라의 선지자로 세웠노라 하시기로 내가 이르되 슬프도소이다 주 여호와여 보소서 나는 아이라 말할 줄을 알지 못하나이다 하니 여호와께서 내게 이르시되 너는 아이라 말하지 말고 내가 너를 누구에게 보내든지 너는 가며 내가 네게 무엇을 명령하든지 너는 말할지니라 너는 그들 때문에 두려워하지 말라 내가 너와 함께 하여 너를 구원하리라 나 여호와의 말이니라 하시고   렘 1:4-8

그날 밤 이후, 저는 그 누구에게도 '나는 말을 잘하지 못한다'고 말한 적이 없습니다. 두려움이 그 즉시 사라진 것은 아니었지만 하나님께서 저에게 하라고 말씀하신 것들을 실행에 옮기기 시작했습니다. 하나님께서 저를 모태에서 지으시기 전에, 제가 어머니의 배에서 나오기도 전에, 하나님은 저를 위한 목적이 있으셨습니다. 바울도 갈라디아서 1:15에서 같은 말을 합니다. "그러나 내가 태어나기 전부터 하나님께서는 나를 따로 세우셔서 은혜로 나를 부르셨습니다."(킹제임스 흠정역)

우리를 창조하신 분은 하나님이십니다. 시편 139:16은 우리가 어머니의 태 안에 있었을 때부터 하나님께서 우리의 모든 부분을 아셨으며 그 모든 것이 그분의 책에 기록되었다고 합니다. 하나님은 우리에 대해 모든 것을 아십니다. 그분은 특정한 목적을 위해 우리를 창조하셨고 설계하셨습니다. 일단 인생을 좀 살아보고 나서, 우리에게 예술적인 재능이 있는지, 아니면 행정적인 재능이 있는지, 그것도 아니면 인간관계 능력이 있는지를 알아낸 뒤에 나에게 어떤 옵션들이 있나 보고 그중에서 내가 제일 하고 싶은 일을 선택하는 것이 아닙니다.

하나님은 목적을 가지고 당신을 만드셨으며 그 목적이 무엇인지 알아내는 것은 당신의 몫입니다. 그 목적을 우연히 성취할 수는 없습니다. 그런 일은 운명처럼 일어나는 것이 아닙니다. 하나님의 뜻을 알려면 그것을 추구해야만 합니다. 하나님께서 부르신 그 일은 당신의 능력을 넘어서기 때문에 그분의 뜻을 발견하는 데에는 하나님으로부터 오는 계시가 필요합니다. 이렇게 할 때, 하나님을 의지하게 됩니다. 어떤 일을 하는 것이 가장 적당한지 알기 위해 성격검사 테스트 결과를 쳐다

보고 있다면 하나님의 뜻을 놓치고 말 것입니다. 당신 안에는 이미 하나님께서 성취하기 원하시는 것들이 존재하기 때문입니다.

하나님께서는 제가 할 수 없었던 바로 그 일을 하라고 저를 부르셨습니다. 그것은 바로 수천만의 사람들 앞에서 설교하는 것입니다. 저 같은 텍사스 촌놈을 부르셔서 그분의 말씀을 전하게 하시는 분이 바로 하나님이십니다. 어떤 사람들은 저의 목소리를 조롱하면서 우리 단체로 편지까지 보냈는데, 제가 고머 파일(70년대의 유명한 시트콤 '앤디 그리피츠 쇼'의 한 캐릭터로 목소리가 이상하고 어리숙한 남자역자주) 인줄 알았다지 뭡니까! 또 어떤 사람은 저에게 "아무 특징 없는 밍밍한 사람"이라고도 했습니다. 그런데 그분들이 하는 말이 저도 이해가 됩니다.

저는 전형적인 목사 타입은 아닙니다. 카리스마도 없고요. 그럼에도 불구하고 하나님께서는 저를 택하셨습니다. 저는 그 부르심에 순종했을 뿐인데 하나님은 저를 축복하시고 사용하고 계십니다. 하나님께서 저에게 시키신 일을 제가 하지 않았더라면 벌써 죽었을 사람들이 많이 있습니다. 저의 사역으로 인해 하나님의 선하심을 깨닫기 시작한 사람들도 있고 그 사람들의 삶은 변화되고 있습니다. 기적이 일어나고 있습니다!

당신도 자신의 목적을 찾아야 합니다. 당신의 모든 잠재력에 도달하는 유일한 길은 하나님께서 당신을 창조하신 목적대로 사는 것입니다.

축복을 막다

2001년 12월이었습니다. 제가 주님을 제한하고 있다는 것을 깨달을 때까지 주님은 한 달 보름 이상 저와 씨름하셨습니다. 이 과정이 시작된 것은 400평이 넘는 우리 사무실이 너무 좁아 더 사용할 수 없게 되자 새로운 사무실을 찾아 나서면서입니다. 우리 단체 사람들이 새로운 건물을 알아보기 시작한 것은 제가 다른 곳에 사역하러 떠난 후라 제 아내가 중개인을 만났었습니다. 사역을 마치고 콜로라도에 도착했을 때 아내가 저를 데리러 공항으로 왔고 집으로 가는 길에 몇 군데를 보여주었는데 그 중에는 800평이 넘는 곳도 있었습니다. 아내는 그 정도라면 평생 사역하고도 남을 것이라고 말했습니다. 그 말을 듣자마자 저는 생각했습니다. "아이쿠, 언젠가 우리 사역이 세계적인 단체가 될 거라고 하나님께서 말씀하셨는데 내가 그것을 미처 전달하지 못했구나."

저는 아내에게 하나도 빠짐없이 모든 것을 의논하고 나누는 사람인데, 주님께서 저에게 하신 말씀을 아직 아내에게조차 하지 못했다는 것을 깨달았습니다. 우리가 사역을 시작했던 초창기에는 주님께서 제 마음에 주신 생각들을 나눌 때마다 너무나 많은 비난을 받았었기 때문에, 더 나누지 않게 되었던 것입니다. 과거에 너무 많은 비난을 받았던 경험으로 인해 아내조차도 저의 비전을 거절하면 어쩌나하고 두려웠던 것입니다. 제가 아내에게 그 얘길 하지 않았다는 것을 깨달았을 때, 두려움 때문에 나누지 못했다는 것을 알고 저 자신에게 큰 충격을 받았습니다.

저의 설교는 1976년부터 기독교 라디오 방송에 나오고 있었지만, 교만으로 높아질 것이 두려워서 내가 사람들에게 영향을 미치고 있다는 생각을 일부러 하지 않았습니다. 그래서 하나님은 저의 거짓 겸손과 '나는 부족하다'는 생각, 그리고 성공에 대한 두려움 때문에 하나님께서 저의 삶을 통해서 하시려는 일을 저 자신이 제한하고 있음을 보여주신 것입니다.

그중에 하나님께서 사용하신 방법 하나는 렌 밍크와 캐시 밍크 부부와 했던 라디오 프로그램 인터뷰였습니다. 제가 대기실에 있을 때 그분들은 제가 민망하리만큼 저를 칭찬하면서 제 소개를 했습니다. 그분들이 처음 구원받고 나서 하나님께서 저를 통해 자신들의 삶을 만지시고 바른길로 인도하셨다고 했습니다. 저는 그분들을 오랫동안 알아왔지만, 저의 사역이 그분들의 삶에 영향을 미쳤을 거라고는 전혀 생각지도 못했습니다. 그래서 인터뷰 후에 그 얘길 했더니 오히려 그분들이 충격을 받았습니다. 그분들은 저의 설교가 수십 년간 100개도 넘는 라디오 채널을 통해 방송되었는데 왜 주님이 저를 통해 일하셨을 거란 생각을 하지 못했는지 물었습니다.

그분들의 말이 맞지요. 그런데 저는 교만해질까 봐 두려워서 주님이 저를 사용하고 계시다는 생각조차 하지 않았습니다. 너무나도 분명한 사실을 부인하면서 교만해질 그 어떤 유혹도 피하고 있었던 것입니다. 그것도 옳지 않습니다.

저도 그런 문제들을 직면하고 다뤄야만 했습니다. 저는 마음을 바꾸기로 결단하고 이렇게 말했습니다. "실패, 거절, 핍박, 교만을 두려워하지 않고 어떤 일이 있어도 하나님께서 나에게 하라고 부르신 그 일을 하고 말 테다." 그러자 몇 주 만에 저의 사역의 모든 것이 변했습니다. 폭발적인 성장이 시작된 것입니다!

그렇게 하고 나니 주님께서 저에게 보여주신 것이 하나 있었습니다. 처음 저를 부르신 45년 전에도 이미 이 모든 축복을 저에게 부어주고 계셨지만, 그 축복을 막는 거대한 댐을 제가 만들어 놓았었다는 것입니다. 제가 마침내 항복하고 "예, 제가 하겠습니다."라며 이 사역에 대해 믿음을 말하기 시작하자, 마치 댐이 무너져 물이 터져 나오듯 하나님의 능력이 세차게 분출하기 시작했습니다!

하나님을 제한했던 것을 거둬내자 몇 주 만에 기적적인 결과들을 보게 되었습니다. 당신도 하나님의 역사를 제한해 왔다면 이제 그것을 멈추십시오. 그러면 당신에게도 일어날 수 있는 일들입니다. 그것이 사람에 대한 두려움이든, 성공에 대한 두려움이든, 그 어떤 종류의 두려움이든 상관없습니다. 하나님은 당신의 삶에 놀라운 계획이 있으십니다. 놀라운 목적이 있으십니다. 하나님을 제한하던 것을 거둬내고 그분의 뜻이 당신의 삶 가운데에서 성취되는 것을 경험하십시오!

06

묵상 Imagination

 하나님께서 저에게 하신 그 말씀을 전달하기 위해 우리 단체 직원들을 불러 모아 이렇게 말했습니다. "내 안에는 나 자신에 대한 이미지, 즉 자아상이 있는데, 내가 할 수 있는 것과 할 수 없는 것에 대한 나 자신의 이미지입니다." 우리 모두 안에는 자신에 대한 이미지, 자아상이 있습니다. 자신이 할 수 있는 것(자신의 능력으로 할 수 있는 것)과 오직 하나님께서만이 하실 수 있는 것(자신의 능력으로는 할 수 없는 것)에 대한 이미지입니다. '나는 할 수 없다'라고 믿는 그 자아상(이미지)은 하나님께서 우리 삶을 통해서 하실 수 있는 일들을 제한하는 한계점으로 작용합니다.

 하나님을 제한하고 싶지 않다면 내가 나를 바라보는 그 이미지를 바꿔야만 합니다. 저도 그 당시 제가 가지고 있었던 '나는 할 수 없다' 라는 내 안의 이미지를 바꾸는 데 얼마나 걸릴지 몰랐습니다. 일주일, 한 달, 일 년 또는 더 오래 걸릴 수도 있었겠지만 어쨌든 저는 바꾸기로 결단했고 하나님께서 하라고 하신 일을 하는 저의 모습을 묵상(상상)하기 시작했습니다.

하나님께서는 우리에게 상상하는 기능imagination을 주셨으며 이 기능을 제외하고서는 어떤 생각도 하지 못합니다. 집에 문이 몇 개냐는 질문을 받았다고 생각해 보십시오. 집에 있는 문의 개수를 세어 본 적이 없다면 바로 대답하지 못할 것입니다. 하지만 상상을 사용하여 집에 있는 문의 개수를 세어볼 수 있습니다. 육신의 눈으로 보지 않아도 집의 방마다 있는 문들을 세어 볼 수 있기 때문입니다. 이것은 우리에게 상상을 통해 볼 수 있는 능력이 있기 때문에 가능한 일입니다.

우리는 매일 상상을 사용합니다

우리는 스스로가 얼마나 상상을 많이 사용하는지 잘 모릅니다. 상상은 어린 애들이나 하는 것으로 생각하는 사람들도 있지만 우리 역시 매일, 매 순간 상상을 사용합니다. 아침에 출근할 때도 머릿속에서 직장까지 가는 길을 볼 수 없다면 운전을 할 수 없습니다.

어른들은 상상이 곧 공상이라고 생각하는데 그렇지 않습니다. 상상의 정의는 "물질세계에 실존하지 않거나 현실에서 온전하게 인식된 적이 없었던 것을 머릿속의 이미지로 형성해 내는 행동이나 능력"(메리엄 웹스터 사전)입니다. 즉, 상상이란 눈으로 볼 수 없는 것을 생각mind으로 볼 수 있는 능력을 말합니다.

우리의 상상이란 없어서는 안 될 것입니다. 상상 없이 우리는 기능할 수 없습니다! 예를 들어 누가 길을 물어보면 그때 우리는 상상을 사용하여 그 길을 머릿속에서 그려봅니다. 누군가 우리 집에 오는 길을 안내해 달라고 하면 머릿속에 그려진 그림, 즉 상상을 통해 길을 알려줍니다. 오는 길에 큰 건물도 알려주고 거기서부터 몇 미터 정도 오면 된다고 얘기도 해 줍니다. 이렇게 할 수 있는 이유는 우리가 이미 이 모든 것을 생각의 내부에 심어 놓았고 이제 그 모습을 상상을 통해 보고 있기 때문입니다.

하나님이 주시는 우리 인생의 길 안내는 어떻습니까? 그 모든 것이 이루어지는 것을 상상을 통해 볼 수 있어야 합니다. 많은 사람이 자신이 처한 삶의 처지에 대해서 다른 사람 탓으로 돌리거나, 또는 학력과 성별 탓을 하며 위안을 가집니다. 환경과

출신 탓을 하기도 하며 불행한 어린 시절을 보냈다고 탓하기도 합니다. 우리에게 백만 개가 넘는 이유가 있다 하더라도 이러한 외부적 조건들은 우리의 삶을 통제하지 못합니다. 우리 삶이 지금의 모습이 된 이유는 우리가 우리의 상상 속에서 우리의 삶을 그렇게 보고 그려왔기 때문입니다. 우리 삶의 방향은 우리가 생각하는 대로 결정됩니다.

우리는 그림으로 생각합니다

주어진 정보를 모두 기억하는 사람은 없습니다. 그래서 많은 교육방법이 효과가 없는 것입니다. 하지만 우리의 상상은 수학과 같은 추상적인 개념을 이해하는데 도움을 줍니다. 수학을 어려워하는 사람들이 있지만 훌륭한 교사는 수학 문제를 학생들이 이해하기 쉽게 그림으로 설명합니다. 1 더하기 1은 2, 2 더하기 2는 4라고 가르치는 것보다 '사과가 두 개 있는데 거기에 두 개를 더하면 몇 개가 될까?' 라고 가르치는 것이 훨씬 좋은 방법입니다. 언어로 그림을 그려서 학생들이 그 개념을 그림으로 볼 수 있도록(시각화할 수 있도록) 도와주는 것입니다.

'사과' 라는 말을 들을 때 우리가 머릿속에서 보는 것은

'사-과-'라는 글자가 아닌 사과의 실제 모습입니다. 어떤 이는 초록색 사과 또 어떤 이는 빨간색 사과를 보기도 하겠지만 '사과'라는 말을 들으면 우리 생각 속에는 사과의 이미지가 떠오릅니다. 또 제가 몇 가지 단어를 통해 당신의 머릿속 사과 그림을 바꿀 수도 있습니다. 예를 들어볼까요? 제가 만일, "과즙이 풍성하고 크기가 큰 빨간 사과"라고 한다면 당신이 머릿속에 그려놓은 사과의 모습이 제 말을 따라 바뀔 것입니다. 언어가 그림을 그리는 것이지요!

이러한 상상이 없이는 건물을 세울 수도 없습니다. 건축가들은 자신들이 세울 건물에 대해 머릿속에서 먼저 상상한 것을 청사진을 통해 건물주에게 보여줍니다. 콜로라도 우드랜드 파크에 새로 짓고 있는 우리 학교 캠퍼스를 디자인할 때, 우리는 강당을 어떤 모습으로 지을지 많은 시간 논의했었습니다. 그리고 우리가 원하는 강당을 머릿속에서 그릴 수 있게 되자 건축가는 그것에 대한 청사진을 쉽게 그릴 수 있었습니다.

제가 베트남에 징병되었을 때 '워터 블리벳'이란 것을 통해 물을 공급받았었습니다. 여러분 대부분이 '워터 블리벳'을 머릿속에서 그려볼 수 없기 때문에 앞으로도 기억하지 못할 것이고 누군가에게 설명하지도 못할 것입니다. '워터 블리벳'이란 검은색 원통모양의 고무 컨테이너인데 끝에는 동으로 된 꼭지가 달린 물통입니다. 크기는 세 가지인데 각각 1000, 2000, 4000리터의 물이 들어가며 헬리콥터로 운반됩니다. 끝에 있는 꼭지를 통해 물을 옮겨 담습니다. 물이 나오면 주변 기압으로 인해 블리벳은 점점 납작해집니다. 그렇게 되면 또 헬리콥터가 와서 가져갑니다. 이 설명을 듣고 나면 워터 블리벳에 대해, 완벽하진 않더라도 대략 이해가 되는 이유는 이제 블리벳의 모습이 머릿속에 그려졌기 때문입니다. 이제 뭔가 그려 볼 것이 생긴 것이지요.

사람들이 이스라엘로 성지순례를 가면 왜 큰 깨달음을 얻는지 생각해 보셨습니까? 예수님께서 실제로 거니시던 곳이기 때문이거나 그곳의 기름부으심이 더 특별해서가 아닙니다. 전혀 그렇지 않습니다! 그동안 머릿속에서 떠올리려고 애썼던 것들을 눈으로 직접 볼 수 있기 때문입니다. 모든 것이 분명해지는 것이지요. 현지에 가면 상상이 쉬워집니다. 일단 볼 수 있으면 말씀이 살아납니다. 이렇듯 하나님을 제한하지 않기 위해서는 상상을 사용해야만 합니다.

상상을 사용하지 않으면 아무것도 이룰 수 없습니다. 더 크게 생각하고 더 큰 일이 이루어지는 것을 보려면 이 상상을 사용해야만 합니다. 우리 안에서 먼저 보지 못한 것은 우리 삶 밖에서도 볼 수 없을 것입니다. 자신을 치유받은 자로, 건강한 자로 보지 못하면 그 치유는 몸으로 나타나지 않을 것입니다. 하나님을 제한하지 않으려면 당신의 상상을 긍정적인 방향으로 사용하십시오. 그렇게 한다면 당신의 삶을 향하신 하나님의 목적이 이루어지는 것을 경험하게 될 것입니다!

우리는 기억하기 위해 상상을 사용한다

> 오 주여, 우리 조상 아브라함과 이삭과 이스라엘의 하나님이여, 이것을 주의 백성의 마음의 상상하는 바와 생각 속에 영원히 두시며 그들의 마음을 예비하사 주께로 향하게 하시옵소서.
>
> 대상 29:18 (킹제임스 흠정역)

다윗이 삶을 마감할 때 즈음, 모든 백성을 불러 모아 성전 건축을 위한 헌금을 거뒀습니다. 다윗도 성전 건축을 위해 10억에서 20억 달러(한화 1조에서 2조 이상역자주) 가치의 금을 자비로 내어놓았습니다. 다윗이 이렇게 하자 모든 나라가 함께 일어섰습니다. 백성들이 다윗의 헌금에 큰 감동을 하여 자신들도 내어놓기 시작했습니다. 모두 다 합하면 50억 달러 이상(한화 6조역자주)에 가까운 헌금이 모였습니다!

다윗은 하나님을 찬양하기 시작했습니다. "하나님, 우리가 무엇이기에…" 그리고는 애굽의 노예로 있었을 때를 기억하며 이제는 이렇게 많은 헌금을 드리게 된 것을 기억했습니다. 그들은 하나님께서 주신 축복을 다시 돌려드린 것뿐이었습니다. "이것을 주의 백성의 마음의 상상하는 바와 생각 속에 영원히 두시며"라고 다윗이 기도한 것은 "이 백성들이 이것을 잊지 않게 해 주십시오!"라는 말이었습니다.

기억력도 상상력과 결부되어 있습니다. 작게는 차 열쇠를 어디에다 두었는지 기억하는 일에서 어렸을 때 자란 동네를 기억하는 일까지 말입니다. 우리의 기억은 상상력 속에서 이루어집니다. 차를 어디다 주차했는지 매번 메모지에 기록해 두는 사람은 없습니다. 머릿속에 이미지를 저장할 뿐입니다.

우리는 이런 방식으로 기억을 합니다. 머릿속 그림이나 이미지를 통하지 않으면 그 어떤 것도 기억할 수 없습니다. 머릿속에 그릴 수 없다면 그것을 진정으로 이해할 수 없습니다. 그래서 '그림 하나가 천 마디 말보다 낫다(백문이 불여일견역자주).'라는 말이 있는 것입니다. 머릿속에서 볼 수 있다면 당신은 그것을 가질 수도 있고 해낼 수 있습니다!

볼 수 있습니까?

실명 진단을 받은 사모님에 대한 이야기를 들은 적이 있습니다. 그 사모님의 안경 알은 너무 두꺼운 나머지 콜라병 바닥 같았습니다. 한번은 어떤 치유 사역자가 그 교회에서 설교하게 되었는데 그 사모님은 과거에 기도를 많이 받았지만 치유되지 않기 때문에 기도를 또 받고 싶지 않아서 그 치유 사역자를 피해 다녔습니다. 하지만 그 치유 사역자는 그 사모님을 코너에 몰아넣고 이렇게 말했습니다. "기도해 드리고 싶습니다."

그분은 사모님에게 안경을 벗으라고 하고 나서 눈이 치유되라고 명령했습니다. 그리고 이렇게 물었습니다. "볼 수 있으세요?"

사모님은 볼 수 있나 보려고 눈을 뜨려 했습니다. 그러자 그 치유 사역자는 "눈을 감으세요!"라고 했습니다. 그래서 사모님은 바로 눈을 감았습니다.

"볼 수 있으세요?"라고 그가 다시 물었습니다. 사모님이 눈을 뜨려 하자 그는 "눈을 감으세요!"라고 다시 말했습니다.

이것을 세 번 반복한 뒤 사모님은 눈을 감은 채, "이 분이 도대체 뭘 하는 거지? 눈을 감고 있는데 어떻게 보이는지 말하라는 건가?"라며 의아해했습니다. 그러자 치유 사역자가 말했습니다. "저는 눈을 뜨라고 하지 않았습니다. 볼 수 있는 자신의 모습을 마음으로 먼저 보지 못하면 밖에서도 볼 수 없습니다. 먼저 자신을 치유받은 자로 보아야 합니다."

사모님은 눈을 감은 채, 그가 한 말을 생각했습니다. 그리고 조금 후에 사모님은 그 말을 이해했습니다. 치유 사역자가 말했습니다. "사모님의 상상 속에서, 당신은 소경입니까 아니면 볼 수 있습니까?"

사모님은 방언으로 잠시 기도하고 나서 마침내 이렇게 말했습니다. "내가 보는 것을 볼 수 있습니다."

"자, 그럼 이제 눈을 뜨세요."

사모님이 눈을 뜨자 시력은 완벽해졌습니다. 치유를 받은 것입니다!

자신을 어떻게 보십니까?

우리 사회에서는 마흔이 되면 꼭짓점을 찍었다고 합니다. 언젠가 70~80세가 되면 자신들도 다른 이들처럼 병에 걸릴 거라고 생각합니다. 나이가 들면 이런저런 병에 걸릴 거라고 말하면서 그렇게 될 것을 예견합니다. 그리고 그 예견은 적중합니다.

하지만 우리는 하나님께서 우리를 보시는 시각으로 자기

자신을 보아야 합니다. 하나님의 비전은 하나님의 말씀에 드러나 있습니다. 이 책 1장에서 저는, 모세가 120세까지 살면서 그의 시력이 약해지지 않았고 체력도 약해지지 않았다고 말씀드렸습니다(신 34:7). 우리는 모세가 가졌던 언약보다 더 뛰어난 언약 아래 있습니다. 모세가 120세까지 건강하게 살았다면 우리도 그럴 수 있습니다!

우리는 생각하는 방식을 바꿔야 합니다. 하나님의 말씀을 공부하고 하나님께서 주신 진리를 묵상(상상)해서 우리 안에 그림을 그릴 수 있어야 하며 우리 자신을 건강하고 의롭고 평안과 기쁨이 가득한 사람으로 보아야 합니다. 안에서 먼저 보지 못한 것은 밖에서도 볼 수 없기 때문입니다!

많은 사람의 기도 제목은 부부관계의 회복, 몸의 치유, 재정적인 부요일 것입니다. 기도는 하지만 마음속에서는 그것을 볼 수 없기 때문에 답답한 것입니다. 하지만 하나님의 말씀을 묵상하고 그것이 내면의 그림을 그릴 수 있도록 한다면 그 일은 성취될 것입니다. 마음의 생각이 어떠하면 그 사람도 그렇기 때문입니다(잠 23:7).

바울은 이렇게 말했습니다. "우리는 믿음으로 행하고 보는 것으로 행하지 않는다."(고후 5:7) 육신의 눈으로 보는 것에 의해 살아가면 안 됩니다. 그리스도인의 묵상은 선명한 그림을 그릴 수 있어야 하고 그 결과 하나님의 말씀에 따라 살아야 합니다. 당신은 그렇게 할 수 있습니다. 당신 안에는 전능하신 하나님께서 계시기 때문입니다!

　자신에 대한 하나님의 말씀을 그리십니까? 자신을 치유받은 자로 보십니까? 자신을 재정적으로 형통한 자로 보십니까? 예수님께서 하신 기적을 동일하게 행하는 자신을 볼 수 있습니까? 그렇지 않다면 그것을 볼 수 있을 때까지 하나님의 말씀을 묵상해야 합니다. 자기 자신을 바라보는 시각을 바꿔야 합니다. 하나님이 보시듯 나를 보아야 합니다. 하나님의 말씀을 제한했던 모든 것들을 거두고 하나님께서 주신 상상을 사용하여 하나님의 뜻이 내 삶에 이루어지는 모습을 볼 수 있어야 합니다.

내면에서 보기

　원하는 것이 밖으로 나타나는 것을 보려면 그것을 먼저 내면에서 보아야 합니다. 예수님께서 이렇게 말씀하셨습니다. "내가 진실로 진실로 너희에게 이르노니 나를 믿는 자는 내가 하는 일을 그도 할 것이요 또한 그보다 큰 일도 하리니 이는 내가 아버지께로 감이라"(요 14:12) 내면으로 보는 과정을 시작하기 위해 저는 예수님께서 치유하신 사건과 죽은 자를 살리셨던 모든 구절을 묵상했습니다. 그런 다음 성경책을 덮고서 눈을 감았습니다. 그리고 나사로를 살리는 저 자신을 떠올렸습니다. 야이로의 딸을 살리는 저의 모습도 떠올렸습니다. 예수님이 하신 것이라면 뭐든지 하는 저의 모습을 상상했습니다. 예수님께서 나사로를 장사했던 곳에서 "돌을 옮겨 놓으라"(요 11:39)고 하셨을 때 어떤 상황이었을지, 그것도 그려보았습니다. 저의 상상력을 사용한 것입니다.

요한복음에서 예수님이 하신 말씀을 읽고 나서, 저는 죽은 자를 살리는 것이 가능하다고 믿기 시작했습니다. 그러자 하나님께서 저를 통해서도 기적을 행하실 것이라고 믿을 수 있게 되었습니다. 예수님께서 행하신 기적을 전부 생각해 보고 나서 이렇게 말했습니다. "아버지, 제가 죽은 자를 살릴 수 있을까요?" 그리고 이것을 너무 묵상한 나머지 매일 매일 열두 명도 더 되는 사람을 살리는 꿈을 꾸었습니다. 영안실에 있는 사람들을 전부 살리는 꿈도 꾸었습니다. 그리고 6개월이 지나자 정말로 죽은 자를 살리게 되었습니다. 그리고 세월이 지나 15년 정도 흘렀습니다. 그러던 어느 날, 하나님께서 다시 죽은 자를 살리는 생각을 하라고 하시는 것 같았고 그러자 또 죽은 자를 살리는 꿈을 꾸었습니다.

그러던 어느 날 밤에 제 아들이 죽었다는 전화를 받게 되었습니다. 그 전화를 받았을 때, 아들이 죽은 지 이미 4시간 반이 지난 상태였습니다. 저는 곧바로 하나님의 선하심을 생각하면서 하나님께서 이 상황보다 더 크심을 생각했습니다. 제가 병원에 도착하자 죽었던 아들이 살아났습니다. 제가 '죽은 자를 살리는 하나님의 능력'을 묵상하지 않고 상상하지 않았더라면 이 일은 일어나지 않았을 것입니다.

이렇듯 어떤 일이 밖으로 나타나는 것을 경험하려면 내면에서 먼저 보아야 합니다. 그것이 너무 실제가 된 나머지 그것을 하고 있는 자신을 볼 수 있어야 합니다. 상상 속에서 자신을 패배하고, 낙심하고, 우울한 사람으로 보고 있다면 하나님의 기적은 경험할 수 없을 것입니다. 그런 상상으로 하나님을 제한하지 마십시오. 죽었던 자신의 상상력을 다시 살려서 긍정적으로 사용하십시오!

헛된 상상

우리의 상상은 파워풀한 동력force이지만 그것은 사용할 때에만 능력을 발휘합니다. 상상을 사용하려면 의도적으로 해야 합니다. 가만히 놔두면 헛된 상상으로 흘러가기 때문입니다. 로마서 1:21은 우리가 하나님께 영광 돌리며 감사하지 않을 때 우리의 상상이 헛되이 되고 우리의 어리석은 마음이 어두워진다고 했습니다. 마음이 어두워지면 결과적으로 하나님의 생명으로부터 멀어집니다.

긍정적인 상상은 하나님께 진정으로 감사하고 하나님으로부터 오는 것들을 가치 있게 여길 때 따라오는 결과입니다. 하나님을 찬양하고 하나님께 감사하면 우리의 상상이 활기를 얻고 우리에게 이전과 다른 시각을 갖게 해 줍니다. 하지만 헛된 상상은 창의력을 잃게 하여 선한 것을 품지 못하게 하고 악을 품게 합니다.

> 그들이 하나님을 알되 그분을 하나님으로 영화롭게 하지도 아니하고 감사하지도 아니하며 오히려 자기들의 상상 속에서 허망해지고 또 그들의 어리석은 마음이 어두워졌나니
>
> 롬 1:21 (킹제임스 흠정역)

'상상imagination'이란 단어는 성경에서 단 한 번만 긍정적으로 사용되었습니다. "오 주여, 우리 조상 아브라함과 이삭과 이스라엘의 하나님이여, 이것을 주의 백성의 마음의 상상하는 바imagination와 생각 속에 영원히 두시며 그들의 마음을 예비하사 주께로 향하게 하시옵소서."(대상 29:18, 킹제임스 흠정역) 그 외에 '상상'이 언급된 경우는 전부 부정적으로 사용되었습니다.

이 땅을 향한 하나님의 계획이 사람들의 상상 때문에 방해받았다는 것을 아십니까? 창세기 11:6을 보면 하나님께서 바벨탑을 보려고 내려오셔서 이렇게 말씀하십니다. "주께서 이르시되, 보라, 백성이 하나요, 또 그들이 다 한 언어를 가지고 있으므로 이 일을 시작하였으니 이제 그들이 상상하여 하고자 하는 어떤 일도 막지 못하리라."(킹제임스 흠정역) 그들이 상상하는 것은 어떤 것도 막지 못했기에 하나님께서 사람들 사이에 불화를 일으키기 위해 그들의 언어를 혼잡하게 하셨습니다. 인간 스스로 자신의 모든 필요를 채울 수 있는 경지에 이르는 것을 막으셔야 했기 때문입니다. 하나님은 그들이 하나님을 의지하길 바라셨습니다.

어리석고 어두워진 마음은 완고한(hard, 둔한 역자주) 마음입니다. 일단 마음이 완고해지면 하나님의 생명으로부터 멀어집니다(엡 4:18). 슬픈 일이지만 대부분의 사람이 허망하고 부정적인 상상과 완고해진 마음으로 살아갑니다. 나쁜 일만 상상하기 때문에 의사가 살날이 얼마 안 남았다는 진단을 내리면 곧 죽는 생각을 합니다. 자신을 곧 죽을 사람으로 보기 때문에 자기가 죽고 나면 무슨 일이 생길까를 상상합니다. 그렇게 허망하고 부정적인 상상은 그들에게 해롭게 작용하며 마음을 완고하게 만드는 역할을 할 뿐입니다. 마음이 완고하다는 것은 꼭 우리가 하나님을 사랑하지 않거나 우리의 삶을 향하신 그분의 뜻을 따르지 않으려고 한다는 뜻은 아닙니다. 다만 하나님께서 우리의 행동이나 공로와는 상관없이 우리를 얼마나 사랑하시는지를 알지 못한다는 뜻입니다.

이렇게 완고해진 마음을 가진 사람들은 하나님의 말씀을 머리로만 이해하려고 합니다. 그것을 뛰어넘으려면 시간과 노력이 들기 때문입니다. 그러나 우리는 하나님께 순종하고, 말씀을 묵상하며, 하나님을 영화롭게 하고, 감사해야 합니다. 우리 자신이 한 일이 아니라 하나님께서 우리를 위해 이미 이루어 놓으신 일에 집중해야 합니다. 이렇게 하나님께 더 집중하면 우리의 상상은 허망함이 아니라 활기를 갖게 됩니다.

계속해서 생각을 하나님께 집중하라

하나님께서 우리를 보시듯이 자기 자신을 보지 못하면 우리는 하나님이 말씀하시는 사람이 될 수 없습니다. 우리 자신에 대한 이미지가 긍정적이든, 부정적이든 우리의 인생은 우리가 상상하는 그대로 됩니다. 자신을 실패자로 본다면 실패할 것입니다. 우리가 상상하는 것들을 재정비해서 우리에 대한 하나님의 의견에 맞춰야 합니다.

우리의 상상을 격려하면서 시간을 보내는 것이 부정적인 생각을 하면서 시간을 보내는 것보다 훨씬 더 좋습니다. 우리에 대한 다른 사람들의 말과 의견이 우리의 정체성과 미래를 결정하도록 내버려 둬서는 안 됩니다. 그러려면 말씀이 우리에 대해 뭐라고 하시는지 알아야 합니다. 그리고 하나님은 우리가 무엇을 하길 원하시며 어떤 사람이 되길 원하시는지에 따라 나의 자아상을 형성해 달라고 성령님께 기도해야 합니다.

주께서는 생각을 주께 고정시킨 자를 완전한 평강으로 지키시리니 이는 그가 주를 신뢰하기 때문이니이다.

사 26:3 (킹제임스 흠정역)

우리의 상상은 주님께 고정되어 있어야 합니다. 많은 사람이 이렇게 말합니다. "저도 생각을 하나님께 고정하려고 노력은 하는데요." 하지만 당신의 상상도 주님께 고정했습니까? 하나님의 말씀이 나에 대해 묘사하는 것을 그리고 있습니까? 우리의 상상을 주님께 고정하는 것이 얼마나 중요한지 깨닫지 못한다면 결국 우리의 상상이 우리에게 불리하게 작용해서 부정적인 결과를 경험할 수밖에 없습니다.

하나님께서 주신 것을 사용하라

에베소서 4:17은 이렇게 말합니다. "그러므로 내가 이것을 말하며 주 안에서 증언하노니 이제부터 너희는 이방인이 그 마음 mind의 허망한 것으로 행함 같이 행하지 말라" 여기서 '이방인'이란 믿지 않는 자들을 말합니다. 하나님과 언약의 관계가 없는 사람들입니다. 허망한 생각을 하는 자들처럼 살지 마십시오. 허망한 생각이란 하나님께서 주신 것들을 전혀 사용하지 않는 것을 말합니다.

과학이 밝힌 바에 따르면 인간은 자기 두뇌의 10%밖에 사용하지 않는다고 합니다. 그렇기 때문에 우리는 하나님께서 우리에게 주신 것들을 다 사용하고 있지 않다고 장담할 수 있습니다. 그리스도인으로서 우리는 하나님께서 주신 것들을 사용해야만 합니다. 상상은 하나님께서 우리에게 주신 것입니다. 파워풀한 동력입니다! 그러니 잃어버린 영혼들처럼 상상을 부정적으로 사용하지 마십시오.

세상은 부정적인 것에 끌립니다. 비관주의자들의 상상도 매우 선명하지만, 오직 잘못된 것만 상상합니다. 반 정도 차 있는 물잔을 보면 반이 비었다고 합니다. 항상 부정적인 면만 봅니다. 그들도 상상을 사용하긴 하지만 그들의 상상은 허망합니다.

우리가 하나님께 감사하고 하나님을 영화롭게 하지 않으면 우리의 상상은 허망해질 것입니다. 하나님을 영화롭게 하지 않거나, 우리가 가진 것에 대해서 하나님을 찬양하고 감사하지 않거나, 또 그러한 찬양과 감사를 통해서 하나님께 마땅한 가치를 부여하지 않으면 우리의 상상은 자동으로 모든 것의 부정적인 면만을 보게 될 것입니다.

내면의 자아상 image을 바꾸라

많은 사람이 하나님께서 주신 것들을 놓치는 이유를 말씀드려 보겠습니다. 치유를 예로 들어 본다면, 하나님께 치유해 달라고 기도하면서도 내면의 자기 이미지(자아상)는 여전히 병든 사람으로 보고 있는 것이 문제입니다. 오랜 기간 병들어 있었기 때문에 그 질병이 몸에만 있는 것이 아니라 생각과 감정에까지 퍼진 것입니다. 꿈에서도 아픈 자신을 봅니다. 변화가 있기를 기도하지만, 내면에서는 진정으로 믿지 못합니다. 자신을 치유받은 자로 보지 못하는 것입니다. 그들의 상상은 허망해졌기 때문에 자신들에게 유리하게 작용하지 못하고 불리하게 작용하고 있습니다. 이렇듯 우리 내면에 바른 자아상을 가지는 것은 매우 중요합니다.

어려서부터 '그래서 뭐가 되겠니?'라는 소리를 듣고 자란 아이들이 있습니다. 여자라서 차별을 받기도 하고 학력이나 재력이 없어서 무시당하기도 합니다. 그러한 부정적인 말이나 의견을 믿어버리면 우리의 정체성과 능력에 대해 부정적인 이미지를 내면에 새기게 됩니다. 그러면 그 이미지가 우리를 제한하는 한계로서 역할을 합니다. 우리의 재능과 능력으로는 더 많은 것을 할 수 있는데도 불구하고 우리 자신이 그것을 허락하지 못하는 것입니다. 넘어서는 안 되는 한계선을 자기 스스로 그어버린 것이지요!

저의 친구 아버지는 매우 엄격한 사람이었습니다. 그 아버지는 종종 차를 고치곤 했는데 그때 아들에게 잔심부름을 시켰습니다. 그리고 이렇게 말했습니다. "이 멍청아, 단 한 번도 한 번에 나사를 끼울 줄 모르는구나."

제가 이 친구와 차를 고칠 때마다 이 친구는 한 번에 나사를 끼운 적이 없었습니다. 한 번에 잘 끼웠을 때도 "나사를 잘 못 조인 것 같아."라고 말하곤 했습니다. 그래서 나사를 다시 빼고 다시 끼우는 과정을 대여섯 번씩 반복했습니다. 결국, 그는 나사를 제대로 끼우지 못했는데 그 이유는 그의 내면에 새겨진 부정적인 이미지가 여전히 그에게 한계로 작용하고 있었기 때문입니다.

우리는 이 내면의 이미지를 바꾸고 하나님의 말씀을 통해 우리 자신을 보아야 합니다. 저 또한 내면의 이미지를 바꾸고 나서는 내가 해야 할 일이라면 무슨 일이든 반드시 해낼 수 있음을 믿게 되었습니다. 지금은 제가 어떤 일이든 해낼 수 있는 사람이라고 봅니다. 누군가 나를 바다 밑 가장 깊은 곳으로 끌고 데려간다고 해도 마치 코르크 마개처럼 저는 수면 위로 떠 오를 수 있습니다. 저의 상상을 통해 자아상을 새롭게 했기 때문입니다. 당신의 상상이 허망하여 긍정적으로 작용하지 않고 부정적으로 작용하고 있다면 하나님께서 당신의 삶 가운데 행하기 원하시는 일들이 제한받게 될 것입니다.

잉태

히브리어 "예쩨르(yetser, 어떤 사전에는 yeser)"는 '상상 imagination'으로 번역되었으며 '잉태'라는 뜻을 가졌습니다. 부부가 아기를 갖고 싶다면 기도만 해서 되겠습니까? 아기는 육체적 관계를 통해 잉태됩니다. 아기는 어디서 굴러오는 것이 아닙니다. 여자의 태에 남자의 씨가 심겨야만 합니다.

우리의 상상은 우리의 영적 태입니다. 여기서 우리는 기적을 행하는 하나님의 능력을 잉태합니다. 상상이 없다면 잉태도 없습니다. 잉태할 수 없다면, 즉 상상할 수 없다면 이루어지지 않습니다. 영적인 영역에서는 간절하다고 해서 기적이 일어나는 것도 아니며 필요하다고 해서 기적이 일어나는 것도 아닙니다. 기적을 잉태할 수 있다면 낳을 수도 있습니다. 그럼에도 불구하고 대부분의 그리스도인은 기적이 어디서 굴러 들어오기만 바랍니다. 그것이 현실 세계에서 이루어지는 것을 경험하려면 먼저 우리의 상상에서 잉태되어야 합니다. 즉, 먼저 내 안에서 보아야만 밖에서도 실현되는 것입니다. 이것이 바로 하나님께서 우릴 통해 역사하시는 방법입니다.

우리는 반드시 하나님을 영화롭게 하고 그분이 우리 삶 가운데 하신 일들을 인식해야 합니다. 하나님께 감사하고 하나님을 우리의 모든 상황보다 크신 분으로 여겨야 합니다. 우리가 주도권을 잡고 우리의 상상에서 하나님의 목적들을 잉태해야 합니다. 하나님께서 우리를 위해 가지신 계획이 우리 마음에서 뿌리내리도록 하여 그것을 성취하는 자신의 모습을 본다면, 결국 그 일이 이루어지는 것을 보게 될 것입니다.

우리의 상상은 강력한 힘을 가졌습니다. 이것을 이해하고 말씀을 묵상하는 시간을 가지며 우리 안에 말씀이 그림을 그리도록 하면서 의식적으로 이 원리와 협조한다면 우리는 우리 안에서 하나님의 계획이 성취되는 것을 볼 수 있게 됩니다. 그것이 영적으로 잉태하는 것입니다. 그리고 일단 잉태를 하게 되면 때가 되어 해산하게 됩니다. 반드시 그렇게 될 것입니다!

당신의 상상은 당신을 위해 일할 것입니다

우리는 하나님의 말씀을 묵상하여서 의도적으로 우리의 상상을 트레이닝해야 합니다. 빈둥빈둥 누워서 TV만 본다면 근육이 생기지 않습니다. 그렇게 하면 우리 근육은 강해지지도, 커지지도 않을 것이며 위축되기만 할 것입니다. 우리의 상상도 그렇습니다. 우리는 우리의 상상을 긍정적인 방향으로 사용해야 합니다. 진리를 취해 묵상하되 그것이 우리 삶에 표출될 때까지 해야 합니다.

제가 전에 저희 집 데크(현관 옆 툇마루와 같은 장소-역자주)를 직접 작업했습니다. 아무것도 없는 곳을 계속해서 쳐다보면서 어떤 모양의 데크를 지을지 그려보았습니다. 일단 머릿속에서 그것을 보고 나니 만들 수 있었습니다! 그곳에 종이와 펜을 들고서 나무 살과 기둥이 얼마나 필요한지 세어보았습니다. 눈으로 볼 수 있는 것은 없었지만 저의 상상을 통해 보고 있었던 것입니다.

　우리가 자기 자신을 어떻게 보는가 하는 것은 매우 중요합니다. 어떤 기도를 하더라도 나는 할 수 있는 사람이라고 자신을 보아야 합니다. 하나님께서 우리를 통해 기적을 행하실 것이라고 믿지 못한다면 기적을 경험할 수 없을 것입니다. 우리가 꿈꾸는 것이 우리의 상상 속에서 정말로 진짜 같아져야 합니다. 긍정적인 상상 하나가 자신에 대해 믿어왔던 잘못된 패배의식을 모두 다 지우는 데 도움이 됩니다. 또한, 하나님께서 우리를 보시듯이 자신을 볼 수 있도록 도와줄 것입니다.

나는 무슨 일이든 할 수 있다고 믿습니다

　오늘날에는 공중의 전파로 TV를 볼 수 있습니다. 몇 년 전까지만 해도 모두가 전화기를 들고 다니고 개개인이 컴퓨터를 가질 수 있다는 것은 상상할 수도 없었던 일입니다. 저희 어머니가 세 살 때는 마차를 타고 다니셨다고 합니다. 하지만 어머니는 첫 번째 차를 보셨고, 첫 번째 전화기도 보셨으며, 달 위에 사람이 걷는 것도 보셨습니다! 이 모든 것을 살아생전에 다 보신 것입니다. 오늘날에는 과거의 사람들이 꿈꿔왔던 일들이 실제 일어나고 있습니다. 이렇듯 상상할 수 있다면 그것은 이루어질 수 있고 실행할 수 있는 길이 있습니다. 엄청난 노력이 필요하겠지만, 가능한 일입니다.

저의 형님은 기계를 잘 다뤘습니다. 형님이 열네 살 때 일입니다. 형님은 단지 자기가 할 수 있는지 없는지 보려고 차의 모든 부품을 전부 해부했다가 다시 조립했습니다. 그렇게 해 봤기 때문에 형님은 항상 기계를 다루는 데 엄청나게 능했습니다. 형님은 저보다 4살 많았기 때문에 차에 대한 모든 것을 저에게 가르치려 했습니다. 하지만 저는 형처럼 되고 싶지는 않았습니다. 그래서 오히려 정반대로 갔습니다. 그 결과 저는 나사도 간신히 조이는 실력이 되었습니다.

그러나 제가 주님께 헌신한 후에는 '나는 모든 것을 할 수 있다.'고 말하기 시작했습니다. 무엇을 어떻게 해야 할지 모를 때에도 방언으로 기도하면서 차도 고치곤 했습니다. 저 자신에게 '나는 할 수 있다.'고 말하면서 말입니다. 이렇게 하자 제 안에 있는 이미지가 바뀌었고 지금은 제가 해야 할 일이라면 뭐든지 다 할 수 있다고 믿게 되었습니다. 물론 할 수 있다고 다 하진 않고 꼭 해야 할 일만 합니다. 하지만 저는 무슨 일이든 할 수 있다고 믿습니다.

하나님의 말씀을 품으라

우리는 뭔가를 품을 수 있을 때까지 하나님의 말씀을 묵상해야 합니다. 사람들은 기도하면서 "오, 하나님 저를 치유해 주세요.", "이 필요를 채워 주시옵소서."라고만 하지, 우리가 구하는 바를 하나님의 말씀으로부터 취해 품지는 않습니다. 하나님의 말씀을 공부하고 묵상하면서 하나님과의 시간을 가져야만 합니다.

우리가 하나님의 말씀과 상호작용을 하게 되면 그 말씀은 살아나서 우리에게 실제가 됩니다. 그리고 일단 우리 상상 안에 그 말씀을 품으면 그 말씀이 약속하시는 바를 받을 수 있습니다. 이렇게 하는 사람들이 매우 적은 이유는 이렇게 하려면 보고 싶은 TV 프로를 다 볼 수 없기 때문입니다. 그렇기 때문에 매일의 삶을 하나님의 임재 가운데 사는 대신 일주일 정도만 기도하고, 애걸하고, 금식하다 마는 것입니다. 하지만 그런 식으로는 역사하지 않습니다. 하나님의 말씀이 말씀하시는 바를 품어야만 합니다.

지금 저희 단체가 있는 건물은 3천 평 가량인데 처음에 이 건물을 샀을 때는 3백 평만 사무실로 완성된 상태였습니다. 나머지는 창고였습니다. 설계도가 완성되고 건축을 시작할 수 있을 만한 후원금이 들어오길 기다리는 동안 저는 건물에 벽이 세워질 위치에 테이프를 붙였습니다.

그 빈 창고에서 테이프 주변을 걸으며 수많은 시간을 보냈습니다. 상상을 사용했던 것입니다. 저는 머릿속에서 그 벽들이 세워진 것을 보았고 건물이 완성된 모습을 그렸습니다. 강당에 모인 사람들도 보았습니다. 사실, 플라스틱 통 위에 나무판을 올려놓고 그 위에 올라가서 설교도 했습니다. 건물 안에는 한 사람도 없었고 한밤중이라 창고는 어두웠지만, 저는 강당 가득 사람들이 모인 듯 설교했습니다.

저는 그 테이프 위를 그냥 넘어가 본 적이 없습니다. 항상 문이 세워질 곳으로만 들어갔습니다. 이상하다고 생각하는 사람도 있겠지만 저는 저의 상상을 도와주고 있었던 것입니다. 하나님께서 주실 거라고 믿었던 그것을 상상을 통해 보고 있었던 것입니다. 건물이 완성되어 헌당예배를 드리던 날, 사람들은 매우 신이 났습니다. 어떤 여학생이 저에게 이렇게 물었습니다. "건물이 완성되었는데 기쁘지 않으세요?"

물론 저도 기뻤지요. 하지만 저는 제 마음으로 이미 그 건물을 보았기 때문에 눈으로 직접 보는 것은 이상하게도 감흥이 없었습니다. 1년 이상을 내면에서 본 것이고 이제 육신의 눈이 볼 수 있게 밖으로 표현되었을 뿐이었습니다. 건축이 마무리되자 하나님께서 저에게 주신 비전의 다음 단계로 갈 준비가 된 것이지요.

별을 겨냥하라

저는 오랄 로버츠 목사님께 많은 것을 배웠습니다. 하나님께서 그분께 말씀하신 것들을 들을 때 저의 상상이 자극되었습니다. 오랄 로버츠 목사님과 얘기를 나눈 뒤 몇 달 안 되어서 하나님께서 우리 사역의 큰 도약을 말씀하셨습니다. 큰 비전을 말하는 사람들을 만나면 당신도 큰 꿈을 꾸게 됩니다. 대부분 사람들의 생각은 너무 작습니다. 겨냥하는 목표가 없으니 이루어지는 것도 없습니다. 그러니 자신의 삶 가운데 역사하실 하나님을 제한합니다. 하지만 우리는 별을 겨냥해야 합니다. 별은 못 맞추더라도 달이라도 맞출지 누가 압니까!

기도 제목이 있다면 말씀으로 가십시오. 말씀 속에서 답을 찾고 그 말씀을 묵상하십시오. 베드로전서 1:23은 우리가 "거듭난 것은 썩어질 씨로 된 것이 아니요 썩지 아니할 씨로 된 것"이라고 합니다. 말씀은 씨입니다. 이 씨를 당신의 영적 태, 즉 상상에 심으십시오. 싹이 나는 것이 보일 때까지 멈추지 마십시오. 그렇게 하면 해산하는 것은 시간 문제입니다!

깨달음 Understanding

깨달음은 뭔가를 생각해 내는 능력이나 지식, 그 이상입니다. 많은 사람이 성경 말씀을 마음과 상상으로 읽는 대신 머리로 읽고 맙니다. 그것은 마치 음식을 씹기는 하되 삼키지 않는 것과 같습니다. 말씀을 깨닫는 데까지 이르지 못하면 그 말씀은 그 기능을 100% 발휘하지 못합니다. 하나님의 말씀을 단지 듣기만 하는 것으로는 충분하지 않고 말씀이 우리 안에 그림을 그릴 때까지 묵상해야 합니다.

그들은 깨닫지 못하고 듣기도 거부하니, 알 수도 없습니다. 그들에게는 하나님의 생명이 없습니다. 엡 4:18 (쉬운성경)

여기서 '깨달음(개역개정에는 총명으로 번역됨역자주)'으로 번역된 헬라어는 '디아노이아' 입니다. '디아노이아' 란 '깊은 생각' 이란 의미의 복합어입니다. 이 단어는 또한 누가복음 1:51(킹제임스 흠정역 참고역자주)에서 '상상' 으로 번역되었습니다. 즉, 표면적으로 생각하는 것과 깊은 생각 또는 그것을 이해하고 깨닫는 것에는 차이가 있다는 말입니다.

정보를 얻은 후에 그것을 깨닫지 못하면 그 정보는 우리의 삶을 변화시키지 못합니다. 그래서 마태복음 13:19에서 이렇게 말합니다. "아무나 천국 말씀을 듣고 깨닫지 못할 때는 악한 자가 와서 그 마음에 뿌려진 것을 빼앗나니 이는 곧 길 가에 뿌려진 자요" 즉 예수님의 말씀은 이렇습니다. "길가에서 씨(말씀)를 받는 사람이란 말씀을 깨닫지 못하는 사람이며 그때 사탄이 즉시 와서 그 말씀을 빼앗아 간다." 깨달음이란 씨가 싹을 틔울 수 있도록 땅속으로 들어가는 것을 말합니다. 고로 깨달음이란 깊은 생각, 즉 당신의 상상을 말합니다.

뭔가를 머릿속에서 그릴 수 없거나 그것을 하는 자신의 모습을 볼 수 없다면 우리는 그것을 깨달을 수 없습니다. 하나님께서 우리의 모든 필요를 채우신다는 말씀(빌립보서 4:19)을 취하는 사람은 많지만 형통한 자신의 모습을 볼 때까지 그 말씀을 묵상하는 사람들은 많이 없습니다. 그것은 자신들이 얻고자 하는 것을 스스로 막아서는 행위입니다.

'상상imagination'은 우리가 깨달아야 할 매우 중요한 개념입니다. 상상은 우리가 하나님의 뜻을 성취할 수 있게 해 줍니다. 하나님에 대해 표면적인 것만 깨닫고 살아갈 수는 없습니다. 표면적인 상태를 뛰어넘어서 하나님의 말씀이 우리 마음의 그림들을 바꿔 놓을 때까지 멈추지 말아야 합니다.

소망

> 우리가 소망으로 구원을 얻었으매 보이는 소망이 소망이 아니니 보는 것을 누가 바라리요 만일 우리가 보지 못하는 것을 바라면(hope, 소망하면역자주) 참음으로 기다릴지니라
>
> 롬 8:24-25

소망이란, 성경의 정의를 따라 볼 때, 육신의 눈으로 볼 수 없는 것을 보는 것입니다. 볼 수 있는 것을 소망하지는 않습니다. 소망은 우리를 대적하지 않고 우리를 위해서 작용하는 상상입니다. 우리에게는 소망의 강한 감각이 필요합니다. "믿음은 바라는(hope, 소망하는역자주) 것들의 실상이요 보이지 않는 것들의 증거니"(히 11:1) 믿음은 소망으로 이미 본 것만을 제공합니다. 그리고 소망은 상상을 긍정적으로 사용하는 것입니다.

찰스 캡스 목사님이 온도조절기에 대해 말씀하시는 것을 들었는데 아마도 예화를 위해 만들어낸 얘기인 듯합니다. 현대사회의 편의시설을 경험하지 못한 산골 남자가 있었습니다. 그가 도시에서 열리는 모임에 참석했는데 그 장소가 많은 사람으로 인해 후덥지근해졌습니다. 부채질하던 그는 안내 요원이 벽에 부착된 작은 박스에 다이얼을 돌리는 모습을 보았습니다. 그리고 곧장

시원한 바람이 나왔습니다. 산골 남자는 너무 놀라 그 안내위원에게 가서 어떻게 시원한 공기를 만들어 냈냐고 물었습니다.

"무슨 말씀이세요?" 안내위원이 되물었습니다.

"벽에 붙어있는 그 조그만 것을 돌리니까 찬 바람이 나오던데요."

"아, 그것은 온도조절기예요."

"저도 살 수 있을까요?"

"그럼요. 철물점에서 팝니다."

산골 남자는 너무나 신이 나서 바로 철물점으로 달려가 온도조절기를 하나 샀습니다. 산골에 자기 집으로 돌아간 그는 벽에 온도조절기를 달고 다이얼을 돌려서 찬 바람이 나오기를 기다리며 앉았습니다. 물론 아무것도 나오지 않았습니다. 온도조절기는 에어컨에 연결되었을 때만 작동하기 때문입니다. 온도조절기가 찬 바람을 만들어 내는 것은 아닙니다. 다만 찬 바람을 만들어 내도록 스위치를 켤 뿐이지요.

이렇게 온도조절기가 찬 바람도 나오게 하고 뜨거운 바람도 나오게 하듯이 우리의 상상은 모든 것을 비관적으로 보게 하는 부정적 기능을 할 수도 있고 성경이 소망이라고 부르는 긍정적 역할도 할 수 있습니다. 소망이 온도조절기(리모컨)라면 믿음은 에어컨입니다. 소망은 하나님의 능력을 켜고 믿음은 그 일이 일어나게 하는 능력입니다. 믿음은 소망이 이미 본 것만을 제공합니다. 우리의 상상이 부정적이면 내면에서 실패만을 볼 것이고 그렇게 되면 현실에서도 실패를 경험하게 됩니다. 하지만 우리가 마음으로 기적을 소망하여 본다면 그 소망이 하나님 능력의 스위치를 켜서, 기적이 우리 삶에 표출되는 것을 보게 해 줍니다.

이런 능력의 근원을 사용하고자 하는 사람들은 많지만, 그것을 시작해 줄 소망을 가진 자들은 별로 없습니다. 소망이 믿음을 통제합니다. 치유를 예로 들어보겠습니다. 우리가 강한 소망을 가져서 하나님의 말씀을 취해 건강한 자신을 볼 수 있을 때까지 묵상한다면 우리 몸의 모든 세포가 우리를 건강하게 되도록 일할 것입니다. 일단 자신을 건강한 자로 보면 건강해질 수 있습니다.

병원에 가면 의사가 처음 하는 말이 뭡니까? 일어날 수 있는 가장 최악의 경우를 말해 주지 않습니까? 의사는 큰 소망(기대)을 하지 못하게 합니다. 하지만 우리는 크게 소망(기대)해야 합니다! 소망이 지붕을 뚫고 솟구치게 해야 합니다. 왜냐면 믿음은 우리가 소망하는(바라는) 것만을 생산하기 때문입니다. 우리 안에 부정적인 이미지가 있다면 그 이미지가 밖으로 나와 부정적인 현실로 나타날 때까지 우리 안에서 모든 힘을 다해 작용할 것입니다. 그렇기 때문에 소망을 만들어 내서 우리 안의 이미지를 바꿔야만 합니다. 이 소망은 하나님의 말씀을 통해 옵니다 (롬 15:4). 이것이 믿음의 첫걸음입니다.

저희가 발행한 '치유의 여정' DVD 2편에 보면 중풍에서 치유된 메르시 산토스라는 여자의 이야기가 나옵니다. 그녀가 휠체어를 타고 다녔을 때, 모든 사람이 그녀에게 다시는 걸을 수 없을 것이라고 했지만 그녀는 그것이 사실이 아니라고 생각했습니다. 그녀는 치유받은 자신의 모습을 그렸고 언젠가 그렇게 될 것을 알았습니다. 그녀에겐 말씀을 가르쳐 줄 사람도 없었고, 어떻게 믿음을 사용하는지 알려줄 사람도 없었지만, 증상이 더더욱 악화됨에도 불구하고 그녀는 자신을 건강한 자로 보았습니다. 그것이 바로 소망입니다. 소망이 우리 몸을 직접 치유하진 못하지만 믿음을 일으켜 몸을 치유하게 합니다. 현재 메르시는 중풍에서 완전히 자유합니다. 자신의 상상으로 그렸던 것처럼 현실에서도 달릴 수 있게 되었습니다.

하나님은 우리가 현재 경험하는 것 이상의 모습으로 우리를 창조하셨습니다. 하지만 대부분 우리들은 육신의 눈으로만 보며 반은 소경으로 이 삶을 살아갑니다. 반은 소경인데 경주를 한다고 생각해 보세요. 분명히 뭔가에 걸려 넘어지지 않겠습니까? 하지만 하나님의 임재 안으로 들어가면 상상을 통해 볼 수 있습니다. 하나님의 말씀은 육신의 눈으로 보는 것과는 완전히 반대의 그림을 우리 마음에 그려줄 수 있습니다. 예를 들어, 현재 물리적인 상황은 사업이 망할 것이라 말할지라도 내면에 전혀 다른 이미지를 가졌기에 사업이 반드시 성공한다는 것을 전혀 의심치 않을 수 있습니다. 하나님을 제한하지 마십시오. 상상으로 기적을 품으면 그것이 이루어지는 것을 경험하게 될 것입니다!

마지막 당부

하나님은 사람을 차별하지 않으십니다(롬 2:11, 새번역). 저에게 하신 일이라면 모두에게 하실 것입니다. 하지만 하나님께서는 우리의 협조 없이 우리가 할 일을 대신해 주시지는 않습니다. 우리의 역할이 있다는 말입니다.

제가 저의 생각하는 방식으로 하나님을 제한하지 않게 되자 제 개인의 삶과 주님께서 저에게 주신 사역에 엄청난 변화가 생겼습니다. 저는 이것이 우리 모두에게 필요한 것이라고 확신합니다. 우리가 아무리 큰 꿈을 꾼다고 해도 항상 그것보다 더 큰 것이 있습니다. 하나님은 크신 하나님이시며 하나님께서 우리를 위해 준비해 놓으신 모든 것을 다 사용한 사람은 없습니다.

또한, 이것은 한번 하고 끝나는 것이 아닙니다. 우리 모든 각 사람이 계속해서 더 큰 꿈을 꾸어야 합니다. 아무도 절대 다 이루지는 못합니다. 다만 하나님을 신뢰함으로 이 여정을 시작할 뿐이고 주님이 다시 오실 때까지, 혹은 우리가 그분을 만나러 갈 때까지 이 여정은 계속됩니다.

제가 이 책에서 나눈 이 단순한 내용들을 성령님께서 취하셔서, 하나님께서 저에게 하셨듯이 당신 안에서도 폭발하게 하시길 기도합니다. 그렇게 된다면 당신의 삶은 완전히 변할 것을 약속할 수 있습니다. 주님 안에서 새로운 단계로 올라갈 것이고 그로 인해 당신 개인뿐 아니라 하나님께서 당신을 만나게 하는 모든 사람들까지 축복하실 것입니다.

지금까지 있었던 일 중에 최고로 좋은 일보다 더 좋은 일들이 우리를 기다리고 있습니다!

예수님을 구주로 영접하는 기도

예수 그리스도를 구세주로 영접하는 선택은 우리가 평생 내리는 결정 중에 가장 중요한 결정입니다!

하나님의 말씀은 이렇게 약속하고 있습니다. "**네가 만일 네 입으로 예수를 주로 시인하며 또 하나님께서 그를 죽은 자 가운데서 살리신 것을 네 마음에 믿으면 구원을 받으리라 사람이 마음으로 믿어 의에 이르고 입으로 시인하여 구원에 이르느니라**"(로마서 10:9-10) "**누구든지 주의 이름을 부르는 자는 구원을 받으리라**"(로마서 10:13)

하나님께서는 그분의 은혜로, 우리에게 구원을 주시기 위한 모든 일을 이미 다 마무리 해놓으셨습니다. 이제 우리의 할 일은 단지 믿고 받아들이는 것뿐입니다.

이렇게 소리 내어 기도하십시오. "**예수님, 예수님이 나의 주님이시며 나의 구원자이심을 고백합니다. 나는 내 마음으로 하나님께서 예수님을 죽은 자 가운데서 살리신 것을 믿습니다. 하나님의 말씀을 믿음으로, 나는 지금 구원을 받습니다. 저를 구원해 주셔서 감사합니다.**"

예수 그리스도께 인생을 맡기는 바로 그 순간 그 말씀의 진리가 즉시 영 안으로 들어갑니다. 이제 당신은 거듭났으므로 완전히 새로운 사람이 된 것입니다.

새로운 삶을 얻게 된 것을 진심으로 축하하고 환영합니다!

성령세례를 받는 기도

당신을 사랑하시는 하늘 아버지께서는 하나님의 자녀가 된 당신에게 앞으로 새로운 삶을 사는 데 필요한 초자연적인 능력을 주고 싶어 하십니다.

구하는 이마다 받을 것이요 찾는 이는 찾아낼 것이요 두드리는 이에게는 열릴 것이니라 … 하물며 너희 하늘 아버지께서 구하는 자에게 성령을 주시지 않겠느냐 누가복음 11:10-13b

이제 할 일은 구하고, 믿고, 받는 것뿐입니다!

이렇게 기도하십시오. "아버지, 이 새로운 삶을 살기 위해서는 나에게 하나님의 능력이 필요함을 깨닫습니다. 저를 성령으로 채워 주세요. 이 순간, 나는 믿음으로 성령을 받습니다! 나에게 성령세례를 주시니 감사합니다! 성령님을 저의 삶에 초청합니다. 성령님을 환영합니다!"

축하합니다! 이제 당신은 하나님의 초자연적인 능력으로 충만해졌습니다!

무슨 말인지 모르는 언어가 마음속에서부터 입으로 솟아오를 것입니다(고전 14:14). 그것을 믿음으로 크게 말할 때 하나님의 능력이 안에서부터 흘러나와 당신을 영적으로 세워 줄 것입니다(고전 14:4). 이제, 언제 어디서든지 원할 때마다 방언으로 기도할 수 있습니다.

주님을 영접하는 기도를 했을 때, 그리고 주님의 성령을 받기 위해 기도했을 때 무엇을 느꼈든 아니면 아무것도 느끼지 못했든 그것은 전혀 중요하지 않습니다. 받은 줄로 마음에 믿으면 받은 것이라고 하나님의 말씀이 약속합니다. **"그러므로 내가 너희에게 말하노니 무엇이든지 기도하고 구하는 것은 받은 줄로 믿으라 그리하면 너희에게 그대로 되리라"**(마가복음 11:24). 하나님은 언제나 그분의 말씀을 지키십니다. 그것을 믿으십시오!

저자 소개

1968년 3월 23일 하나님의 초자연적인 사랑을 대면한 뒤, 앤드류 워맥의 삶은 완전히 변화되었습니다. 저명한 교사이자 저자인 앤드류 워맥의 사명은 세상이 하나님을 보는 관점을 바꾸는 것입니다.

그의 비전은 복음을 가능한 널리, 그리고 깊게 전하는 것입니다. 그의 메시지는 TV 프로그램 '복음의 진리Gospel Truth'를 통해 거의 전 세계 인구의 반 이상이 볼 수 있는 상태로 널리 전해지고 있습니다. 또한 콜로라도 우드랜드 파크에 위치해 있는 캐리스 바이블 칼리지 Charis Bible College를 통해 깊게 전해지고 있습니다. 1994년 설립된 캐리스는 이제 미국 전역과 전 세계에 분교를 세워가고 있습니다.

앤드류 워맥 목사의 설교 자료는 책과 음원, 그리고 영상으로 제작되어 있으며 앤드류 워맥 미니스트리 홈페이지에 무료로 제공되어 있습니다.

연락처
앤드류 워맥 미니스트리Andrew Wommack Ministries
홈페이지 www.awmi.net
이메일 info@awmi.net
719-635-1111

캐리스 바이블 칼리지Charis Bible College
홈페이지 www.charisbiblecollege.org
이메일 admissions@awmcharis.com
844-360-9577

믿음의말씀사 출판물

구입문의 : 031-8005-5483 http://faithbook.kr

■ 케네스 해긴의 「믿음 도서관」 책들
- 새로운 탄생
- 재정 분야의 순종
- 나는 지옥에 갔다 왔습니다
- 하나님의 처방약
- 더 좋은 언약
- 예수의 보배로운 피
- 하나님을 탓하지 마십시오
- 네 주장을 변론하라
- 셀 모임에서 성령인도 받기
- 안수
- 치유를 유지하는 법
- 사랑은 결코 실패하지 않습니다
- 하나님께서 내게 가르쳐 주신 형통의 계시
- 왜 능력 아래 쓰러지는가?
- 다가오는 회복
- 잊어버리는 법을 배우기
- 위대한 세 단어
- 하나님의 은사와 부르심
- 그 이름은 "놀라우신 분"
- 우리에게 속한 것을 알기
- 성령을 받는 성경적인 방법
- 하나님의 영광
- 은혜 안에서의 성장을 방해하는 다섯 가지
- 사랑 가운데 걷는 법
- 바울의 계시: 화해의 복음
- 당신은 당신이 말하는 것을 가질 수 있습니다
- 그리스도 안에서
- 말
- 방언기도의 능력을 풀어 놓으라
- 옳은 사고방식 틀린 사고방식
- 속량 - 가난, 질병, 영적 죽음에서 값 주고 되사다
- 네 염려를 주께 맡겨라
- 예언을 분별하는 일곱 단계
- 절망적인 상황을 반전시키기
- 당신의 믿음을 풀어 놓는 법
- 진짜 믿음
- 믿음이란 무엇인가
- 그리스도께서 지금 하고 계시는 일
- 충분하고도 넘치는 하나님 엘 샤다이
- 금식에 관한 상식
- 하나님의 말씀 : 모든 것을 고치는 치료제
- 가족을 섬기는 법
- 조에
- 당신이 알아야 하는 신유에 관한 일곱 가지 원리
- 여성에 관한 질문들
- 인간의 세 가지 본성
- 몸의 치유와 속죄
- 크게 성장하는 믿음
- 하나님 가족의 특권
- 기도의 기술
- 나는 환상을 믿습니다
- 병을 고치는 하나님의 말씀
- 영적 성장
- 신선한 기름부음
- 믿음이 흔들리고 패배한 것 같을 때 승리를 얻는 법
- 믿음의 선한 싸움을 싸우는 법
- 하나님의 계획과 목적과 추구
- 예수 열린 문
- 믿음의 계단
- 당신을 향한 하나님의 계획
- 역사하는 기도
- 기름부음의 이해
- 내주하시는 성령 임하시는 성령
- 재정적인 번영에 대한 성경적 열쇠들
- 어떻게 하나님의 영으로 인도받을 수 있는가?
- 마이더스 터치
- 치유의 기름부음
- 그리스도의 선물
- 방언
- 믿는 자의 권세(생애기념판)
- 믿음의 양식
- 승리하는 교회

■ E. W. 케년
- 십자가에서 보좌까지 무슨 일이 일어났는가?
- 두 가지 의
- 놀라우신 그 이름 예수
- 하나님 아버지와 그분의 가족
- 나의 신분증
- 두 가지 생명
- 새로운 종류의 사랑
- 그분의 임재 안에서
- 속량의 관점에서 본 성경
- 두 가지 지식
- 피의 언약
- 숨은 사람
- 두 가지 믿음
- 새로운 피조물의 실재

■ 스미스 위글스워스
- 스미스 위글스워스의 천국
- 스미스 위글스워스의 매일묵상
- 위글스워스는 이렇게 했다
- 스미스 위글스워스의 능력의 비밀

■ T. L. 오스본
- 행동하는 신자들
- 기적 - 하나님 사랑의 증거
- 새롭게 시작하는 기적 인생

- 좋은 인생
- 성경적인 치유
- 능력으로 역사하는 메시지
- 100개의 신유 진리
- 24 기도 원리 7 기도 우선순위
- 하나님의 큰 그림
- 긍정적 욕망의 힘
- 당신은 하나님의 최고의 작품입니다

■ 잔 오스틴
- 믿음의 말씀 고백기도집
- 하나님의 사랑의 흐름
- 견고한 진 무너뜨리기
- 초자연적인 흐름을 따르는 법
- 당신의 운명을 바꿀 수 있습니다
- 어떻게 하나님의 능력을 풀어놓을 수 있는가?

■ 크리스 오야킬로메
- 여기서 머물지 말라
- 이제 당신이 거듭났으니
- 당신의 인생을 재창조하라
- 이 마차에 함께 타라
- 그리스도 안에 있는 당신의 권리
- 성령님과 당신
- 성령님이 당신 안에서 행하실 일곱 가지
- 성령님이 당신을 위해 행하실 일곱 가지
- 기적을 받고 유지하는 법
- 하나님께서 당신을 방문하실 때
- 올바른 방식으로 기도하기
- 당신의 믿음을 역사하게 하는 법
- 끝없이 샘솟는 기쁨
- 기름과 겉옷
- 약속의 땅
- 하나님의 일곱 영
- 예언
- 시온의 문
- 하늘에서 온 치유
- 효과적으로 기도하는 법
- 어떤 질병도 없이
- 주제별 말씀의 실재
- 마음의 능력

■ 앤드류 워맥
- 당신은 이미 가졌습니다
- 은혜와 믿음의 균형 안에 사는 삶
- 하나님의 참 본성
- 하나님은 당신이 건강하기 원하십니다
- 영·혼·몸
- 전쟁은 끝났습니다
- 믿는 자의 권세
- 새로운 당신과 성령님
- 노력 없이 오는 변화
- 하나님의 충만함 안에 거하는 열쇠
- 더 좋은 기도 방법 한 가지
- 재정의 청지기 직분

- 하나님을 제한하지 마라
- 하나님의 뜻을 발견하고 따라가며 성취하라
- 하나님의 참 본성
- 하나님의 최선 안에 사는 법
- 더 큰 은혜 더 큰 은총
- 리더십의 10가지 핵심요소

■ 기타 「믿음의 말씀」 설교자들
- 성령의 삶 능력의 삶
- 복을 취하는 법
- 주는 자에게 복이 되는 선물
- 믿음으로 사는 삶
- 붉은 줄의 기적
- 당신이 말한 대로 얻게 됩니다
- 예수-치유의 길 건강의 능력
- 성령 안의 내 능력
- 존 G. 레이크의 치유
- 믿음과 고백
- 임재 중심 교회
- 성령충만한 그리스도인의 지침서
- 열정과 끈기
- 제자 만들기
- 어떻게 교회를 배가하는가
- 운명
- 모든 사람을 위한 치유
- 회복된 통치권
- 그렇지 않습니다
- 당신의 자녀를 리더로 훈련하라
- 오순절 운동을 일으킨 하나님의 바람
- 주일 예배를 넘어서
- 신약교회를 찾아서
- 내가 올 때까지
- 매일의 불씨
- 여성의 건강한 자아상

■ 김진호·최순애
- 왕과 제사장
- 새로운 피조물의 실재
- 믿음의 반석
- 새 언약의 기도
- 새로운 피조물 고백기도집(한글판/한영대조판)
- 성령 인도
- 복음의 신조
- 존중하는 삶
- 성경의 세 가지 접근
- 말씀 묵상과 고백
- 그리스도의 교리
- 영혼 구원
- 새로운 피조물
- 믿음의 말씀 운동의 뿌리
- 1인 기업가 마인드
- 내 양을 치라
- 새사람을 입으라